今天，你還戴著微笑的假面具嗎？

精神科醫師SHO 精神科医しょう—著　許紋寧—譯

精神科医が教える 笑顔うつから抜け出す方法

吐露了內心的不安後，
卻被說「你想法應該正面積極一點」。

找了人商量，
卻被說「是你想太多了」。

稍微發個牢騷，
卻被說「你老是在抱怨呢」。

明明強顏歡笑在努力，
卻被說「你看起來精神很好嘛」。

「反正根本沒有人能了解我。」
懷抱著這樣的想法，
一直在孤軍奮戰的你。

現在不用擔心。
平常總是無法把「好累」
說出口的你，
如今有方法可以改變。
這本書將對孤軍奮戰的你
伸出援手。

前言

你有過這樣的經驗嗎？找人商量煩惱，吐露喪氣話後，對方卻告訴你「大家都是這樣啦」、「你想法要正面一點」，內心因而感到不快。

每當這種時候，或許有的人會心想「我的想法太負面了」、「必須對自己多點信心才行」、「我得更加努力」，然後勉勵自己打起精神。

但如果是以下這樣的情況呢？

- 想做的事情很多，卻因為做不到而意志消沉
- 意志並不消沉，身體卻感覺很沉重
- 雖然有辦法工作，但一回到家就渾身無力，什麼也不想做
- 與人相處時情緒穩定，獨處時卻會不自覺掉淚

做事容易衝動，每次都以失敗收場

如果這些狀態持續了很長一段時間，希望你先好好照顧自己的心靈與身體，因為你或許得到了「微笑憂鬱」。

雖然勉強過著正常的社交生活，但私底下卻有抑鬱的症狀、身體出現不適，這種情況我稱之為「微笑憂鬱」。

這並非是正式的疾病名稱，但在國外也廣受研究，英文為「smiling depression」。簡單說來，微笑憂鬱相當於是憂鬱症與適應障礙症的輕度或中度程度。

微笑憂鬱初期並沒有什麼異常的徵兆，所以往往被認為是軟弱或個性的問題，旁人並不會懷疑是精神上生病了。

但是，一旦戴上「微笑的面具」，努力維持正常社交生活，就會無法得到該有的協助，使得不適症狀進一步惡化。

看診的時候，我發現有許多人都處在微笑憂鬱的狀態。其中還有不少人的症狀已經惡化到了讓我想要感嘆，要是能更早來看診就好了。

很抱歉現在才自我介紹，我是精神科醫師ＳＨＯ，目前會在大學醫院與診所看診。

每個月除了為五百名以上的患者看診，也會在Instagram、Voicy與部落格等社群網站上發表文章，內容是關於天生敏銳善感的高敏感族群（Highly Sensitive Person, ＨＳＰ）。截至目前為止，與超過七萬以上懷有煩惱的人接觸過。

我感覺高敏感人當中，有不少人也處於微笑憂鬱的狀態。

這大概是因為高敏感人善於隱忍、責任心強，又不容易得到旁人的理解，所以就會一直咬牙苦撐吧。

之所以習慣逞強，不單是因為具有高敏感的特質，也是因為日本的社會風氣，向來將訴苦與休息視作是軟弱與怠惰的一種表現。

就算向他人坦承自己的煩惱，也容易得到否定的回饋，比如「在意這種事情也沒用嘛」、「是你自己的解讀有問題吧」。

如此一來，當事人就會產生更深的孤寂感，覺得「早知道我就不說了」、「反正沒有人能了解我」、「只能繼續努力加油了」，然後更是強顏歡笑。

有過這種經驗的人，內心不知該有多麼煎熬痛苦。為了盡可能表示理解，讓他們的心情能夠輕鬆一點，或是讓他們能夠放心地走進醫院看診……基於這樣的想法，我決定出版本書。

而且常常打開社群軟體，都會看見底下有這樣的留言：

- 「我覺得自己可能得了憂鬱症，但不曉得自己這樣真的可以去醫院嗎？」
- 「就連要對醫生訴說自己的煩惱，內心也會感到抗拒。」

因為自己的話語曾經不被人接受過，所以才對傾吐這件事感到猶豫吧。

此刻拿起本書的你，是否也一直孤軍奮戰到了現在？

不過，現在不用擔心。翻開本書，慢慢來摸索解決之道吧。

本書將難以用言語說明的微笑憂鬱狀態分成了**四個世界**，然後一一介紹分析（現在的你在第十六頁到第十七頁「憂鬱島」上的哪個地方呢？）。

透過本書，希望可以達到以下四個目標。

①了解「自己的狀態」

②找到方法「讓別人能夠理解自己」

③找到「能夠理解自己的人」

④慢慢增加「做得到的事情」

光是搞懂自己的身心狀態，就有助於消除心頭的不安。因為任何事情，都是一無所知的時候最令人感到害怕。

希望拿起本書的你不必再強顏歡笑，能夠由衷露出開心的笑容。

倘若本書能為讀者帶來一點幫助，將是筆者之幸。

精神科醫師SHO

這邊、這邊～!!
身體無法隨心所欲動彈
「身心失調的城市」
→第156頁
咦？
咦？
喂～!!
身體好重……
奇怪了……
明顯身體不適
「踏上後就身體不適的道路」
→第54頁

憂鬱島MAP

你在島上的哪個地方？

CONTENTS

第3章

身體很健康，低落的情緒與不安卻讓自己疲憊不堪

～看不見希望的森林～

第4章 控制不了自己的情緒 ～必須奮戰的戰場～

第5章

開始無法隨心所欲動彈
～身心失調的城市～

第6章

累積能量，離開「憂鬱島」吧！

第1章

你在不知不覺間闖入了「憂鬱島」嗎？

～無法摘下臉上的微笑面具～

臉上還能帶著笑容，
不代表就沒有任何問題

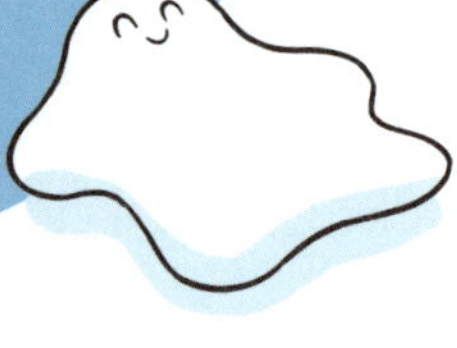

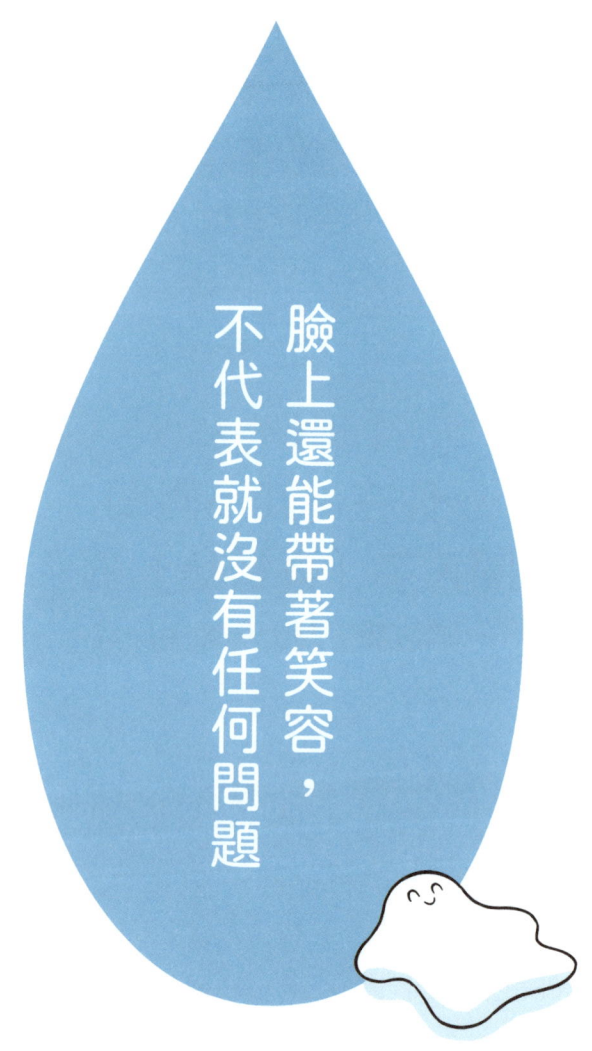

「明明有很多事情想做，卻都做不好。」
「明明不難過，眼淚卻自己掉下來。」
「明明每晚都上床睡覺，身體卻還是很沉重。」

你現在是否有以上這些身心失調的情況，覺得自己跟從前不一樣了呢？明明多想也無濟於事，卻停不下來地胡思亂想。曾經喜歡的事物也無法再熱中投入，做什麼事情都提不起勁。

說不定還有以下這種情況：假日一整天都在睡覺，什麼事情也沒做，因此對自己產生厭惡感。

但是，你是不是用「自己也沒有倦怠到憂鬱症的程度」，來忽視自己感受到的輕微不適呢？

如果被我說中了，就稍微停下腳步來檢視自己吧。

「在他人面前可以表現得很開朗，實則身心持續有著失衡的情況」，這樣的人也許是無法摘下微笑面具的「微笑憂鬱者」。

不知不覺戴上「微笑面具」的原因

在一般社會大眾的想像中，憂鬱症這類心理相關疾病都會有顯而易見的變化，例如表情陰沉、整個人沒有活力。

但是，這樣的想像說對也不對。因為**當中也有光從外表無法辨別的情況，比如表面上過著正常的社交生活，但其實身體長期感到不適；或是只要遠離壓力源頭，就能展露笑顏。**

反而是變化已經到了顯而易見的程度時，代表症狀已經相當嚴重。

當一個人長期感到沮喪與不安、身體不適，卻還是表現得開朗愛笑，不讓旁人看出異狀時，我稱呼這種狀態為「微笑憂鬱」。

原本人在樂觀積極的時候，就會自然而然展露笑顏。

但即便是刻意擠出的笑容，大腦還是會分泌神經傳導物質多巴胺與血清素，讓人心情變得正面愉快。

努力強顏歡笑、表現得開朗活潑的人，在大腦分泌了神經傳導物質之後，即便心裡有著沮喪與不安，也會暫時被緩和吧。

然而，這卻會演變成「沒有注意到自己的極限就一直忍耐」，或是「不明白自己的極限而努力過度」。

尤其是擅長忍耐的人一旦得到了微笑憂鬱，就會很難辨別。

就算能夠發出中氣十足的笑聲，乍看下也非常有精神，但只要耐著性子傾聽了解，他們就會告訴你自己正為難受的抑鬱症狀所苦。

他們究竟忍耐了多久呢？我總會不由自主想像那些忍耐的日子，每一次都感到非常難過。

換作是健康的人，只要覺得「好累哦」，就會停止勉強自己。因為「**感覺得到身心協調一致**」，就不會產生壓力。

但如果得到了微笑憂鬱，不管再怎麼累，也只會覺得「必須打起精神繼續努力」，然後更是用力督促自己。漸漸地，會**越來越沒有身心協調一致的感覺**，最終**身體無法隨心所欲動彈**。

微笑憂鬱的情況就像是車子的油箱破了洞，汽油都還在往外漏，車裡的人卻持續在踩油門。然而車子並不是加滿油的狀態，所以不管再怎麼踩油門，車子當然不會照著自己所想的那樣順暢移動。

那麼，微笑憂鬱究竟會對身心帶來怎樣的影響呢？接著就更詳細來了解吧。

真奇怪……

即使內心沒有生病，
也有可能得到微笑憂鬱

筆者稱之為「微笑憂鬱」的狀態，相當於**憂鬱症與適應障礙的輕度或中度程度**。

首先，憂鬱症這種疾病，是因為腦內的血清素、多巴胺與正腎上腺素等神經傳導物質的分泌出了問題。

神經傳導物質有助於穩定情緒，讓人產生幹勁，一旦分泌失調，那麼人的情緒就會變得不穩，或是整個人有氣無力。

憂鬱症並不只有先天遺傳的「特定人士」才會得到，從小孩到老人，**無論是哪個年紀的人都有可能得到**（根據厚生勞動省的心理健康網站「心靈也需要好好愛護」，日本人大約每十五人就有一人罹患憂鬱症）。

神經傳導物質會分泌失調，除了性格特質使然，還有壓力與環境等諸多原因。代表性原因可以分作三大類，分別是**心因性**、**內因性**、**外因性**（參照第三十五頁）。

這三種原因經常交互作用，即使是外因性憂鬱症，也有案例是因為心理上的壓力、外在的壓力與精神疲勞累積之下而發病。

有的案例隨著身體狀況變好，症狀也自然而然有所改善；但也有的案例遲遲不見好轉，需要藥物治療。

其中，也有人是因為骨折、疝氣與手術的後遺症等，導致很長一段時間無法行動自如，或是身體經常感到不適，因而演變成憂鬱症。

常見的情況還有因為受傷而行走困難，使得工作之外，也無法從事愛好與運動，失去了人生目標，因而演變成憂鬱症。

這些情況既可以稱作是心因性憂鬱症，而如果本人的個性比較悲觀，也可以稱作是內因性憂鬱症。

心因性憂鬱症

因為工作、家庭與人際關係所導致的心理壓力、外在壓力與疲勞等等，從而引發的憂鬱症。

內因性憂鬱症

並非因為特定的外在因素，或是生活有急遽的變化，而是因為腦內的神經傳導物質失調所引發的憂鬱症。
這類案例的患者大多個性悲觀，許多都是有心理壓力與外在壓力，再加上精神疲勞的累積下，導致憂鬱症的發生。

外因性憂鬱症

外因性憂鬱症主要是因為身體的異常與疾病所引發。
代表性病因有腦瘤、腦血管病變與腦炎等腦部疾病，還有帕金森氏症、風濕、結締組織疾病與甲狀腺機能低下等。

除此之外，還有秋冬日照時間較短所引起的季節性憂鬱症，以及服用藥物所導致的藥源性憂鬱症。

換言之，導致憂鬱症的原因很難特定單一來源，通常是在「各種因素交互作用下而引發」，這樣才是正確的理解。

憂鬱症與適應障礙症的不同

另一方面，適應障礙症指的是人在面對外在的壓力與變化，還有各種突發狀況時，一時之間無法妥善應對；或是外在壓力超出本人的能力所能負荷時，就會影響到日常生活與社會功能。

比如轉職、升學、家庭問題、人際關係問題、生離死別等等，在適應新環境與新狀況的時候，就容易出現適應障礙的症狀，而且顯現時還會與各種壓力源相互作用。

適應障礙的症狀也因人而異，有不安、緊張、抑鬱、身體不適（頭痛、消化不良、肌肉緊繃等）、疲勞、注意力不集中、喪失自信、感到孤立無援、睡眠障礙等等。

雖然症狀與憂鬱症相似，但與憂鬱症不同的是，**適應障礙容易找到發病的原因**。憂鬱症患者通常在壓力減輕之後，症狀卻還是依然持續；但適應障礙症的特色是，**患者一旦遠離壓力來源，症狀就會比較快恢復**。

總之可以明確告訴各位的是，會得到憂鬱症或者是適應障礙症，**絕不是因為當事人安於現狀或是好吃懶做**。

因為靠著幹勁與毅力，並無法促進神經傳導物質的分泌，而且只要環境與狀況沒有改變，壓力源頭也不會消失。

得到微笑憂鬱的時候，
會進到「四個世界」

得到微笑憂鬱時，會有各種的不適體現在心靈與身體上，體現方式與原因也因人而異。通常，微笑憂鬱者會迷失在以下四個世界裡的其中一個地方。

①明顯身體不適，「踏上後就身體不適的道路」
②心中有強烈的沮喪與不安，「看不見希望的森林」
③無法控制自己的情緒，「必須奮戰的戰場」
④身體無法隨心所欲動彈，「身心失調的城市」

稍後將介紹四個世界裡的幾種狀態，如果有的狀態你已經持續超過兩週以上，請打勾。符合的狀態越多，代表現在的你正迷失在那個世界裡（也可以參考第十六到第十七頁，試著釐清自己身處在哪個地方）。

第四十一頁的圖表，以淺顯易懂的方式呈現出了各種不同的狀態，並以「身體狀況」與「情緒與行動」為兩軸。

①明顯身體不適，「踏上後就身體不適的道路」（詳情請看第五十四頁）

□對長期的身體不適感到「痛苦」

□就算去看內科醫師也查不出身體不適的原因

□開始影響到工作與家事

迷失在這個世界裡的人的特徵，就是**為各種身體症狀所苦**。

像是睡不好或半夜會醒來好幾次的失眠症狀，還有疲憊、倦怠、頭痛、低燒、耳鳴、頭暈、便秘、腹瀉、噁心想吐、冒汗（盜汗）、肩痠、腰痛、關節痠痛、浮腫、畏寒、心悸、胸悶不適，和喉嚨像受到壓迫有異物感等等。

雖說受各種身體不適所苦是一大特徵，但不代表就沒有沮喪和不安這類的精神症狀，說是「**沒有自覺**」比較正確。

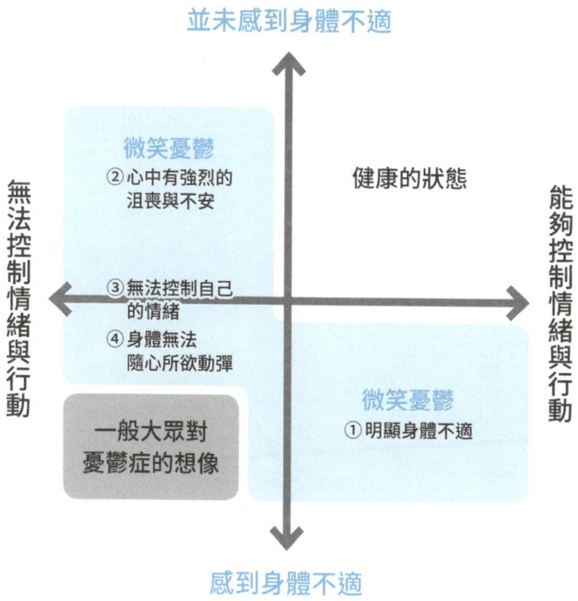
並未感到身體不適
微笑憂鬱
②心中有強烈的
沮喪與不安
健康的狀態
無法控制情緒與行動
能夠控制情緒與行動
③無法控制自己
的情緒
④身體無法
隨心所欲動彈
一般大眾對
憂鬱症的想像
微笑憂鬱
①明顯身體不適
感到身體不適

有時深入追問後，會發現有的人基本上也有「身體狀況不好時，心情就容易鬱悶」、「感到不安時會有強烈的心悸」等精神症狀。

而導致這些症狀的原因，每個人都不盡相同，有職場上的人際關係與工作壓力、長時間的勞動，也有離婚煩惱與育兒問題等等。

②心中有強烈的沮喪與不安，「看不見希望的森林」（詳情請看第九十二頁）

□一整天都情緒低落或意志消沉
□獨處時會沒來由地感到不安
□身邊的人都說自己的行為和表情跟以前不一樣

迷失在這個世界裡的人的特徵，就是為精神症狀所苦。

比如沒有什麼特別的理由，就一整天情緒低落消沉、惶惶然感到不安、心情平靜不下來、悶悶不樂等。或許十分接近一般人對憂鬱症的想像。

這類型的人並非沒有身體上的不適，只是大多時候都「沒有自覺」。只要細細探問，就會發現他們也有失眠、倦怠、頭痛與便秘等症狀。完全沒有察覺到自己身體不適的人，可以說是非常稀少。

但也因為比較慢才會察覺到身體的不適，不容易想到要去內科看診，導致總要拖上許久才發現疾病的存在。還有不少人明明長期感到焦慮與情緒低落，卻不加以重視，繼續強撐著過生活。

③無法控制自己的情緒，「必須奮戰的戰場」（詳情請看第一二六頁）

- □開始會在意以前並不在意的事情
- □持續性地控制不好自己的情緒
- □身邊的人都在擔心自己

迷失在這個世界裡的人的特徵，就是**變得難以控制情緒**。

與人說話的時候會突然掉下眼淚，或是為了一點小事就心煩意亂，對待他人變得苛刻和嚴厲。

另外還會有以下這些情況：開始受不了本來可以接受的事情、對小孩子發出怒吼、覺得一切全是自己的錯、在焦慮下衝動行事等等。

而且也常常做出在當下並不適合的舉動，事後又**陷入自我厭惡的情緒當中：「我怎麼會做出那種事情？」「早知道就不說那種話了。」**

這類型的人無論有無自覺，都會有某些身體症狀或精神症狀，抑或兩者皆有。

之所以控制不了自己的情緒，很可能是因為長期身心狀況不好，於是沒有了能夠從容應對的餘裕。

④身體無法隨心所欲動彈，「身心失調的城市」（詳情請看第一五六頁）

□身體有查不出原因的病痛，而且經常感到不安與低落
□原本擅長和喜歡的事情都沒有力氣去做
□已經有一段時間都無法工作或處理家事

迷失在這個世界裡的人的特徵，就是無法照著心中所想行動。

明明覺得工作累積太多，應該要盡快完成，卻無法迅速處理妥當；或是發現冰箱空了，得出去買東西，身體卻怎麼也動不了；看到房間好亂想要打掃，卻幾乎都沒有真正付諸行動。

這類型的人很多都察覺到了自己有著身體症狀與精神症狀，儘管一直以來都努力不讓身邊的人發現，但到了這個地步已經沒有力氣和體力去遮掩，處在一種電量耗盡的狀態。

因此，曾經五分鐘、十分鐘就能做好的事情，現在卻要花一個小時左右才能完

成，甚至無論做任何事情，都變得比以前要耗時間。即便心想著「動手開始吧！」身體卻無法跟上大腦的想法。

然後因為無法照著心中所想行動，就容易感到挫折，焦慮跟著增加。

加上旁人還會覺得自己是在偷懶，難以取得他人的諒解，所以有不少人越來越感到孤立無援。

微笑憂鬱的「四個世界」

①明顯身體不適，「踏上後就身體不適的道路」

在這個世界裡，會為各種身體症狀所苦，大多時候並不會意識到自己有著沮喪與不安等的精神症狀。

②心中有強烈的沮喪與不安，「看不見希望的森林」

在這個世界裡，會為沮喪與不安這類精神症狀所苦，大多時候並不是身體沒有任何不適，而是沒有察覺到。

③無法控制自己的情緒，「必須奮戰的戰場」

在這個世界裡，會變得難以控制情緒，通常會有某些身體症狀或是精神症狀，抑或兩者皆有。

④身體無法隨心所欲動彈，「身心失調的城市」

身體無法照著內心所想行動。許多人都會察覺到自己有著身體症狀與精神症狀，處在一種電量耗盡的狀態。

為了恢復幹勁，首先
要了解自己現在的狀態

現在的你迷失在哪個世界裡呢？有的人或許因為打勾數相同，正在兩個世界裡來來去去。

微笑憂鬱相當於是憂鬱症與適應障礙症的輕度或中度程度，想到這裡，或許會覺得症狀也不算太嚴重。

但需要注意的是，有時候會因為某些情況，使得症狀突然惡化。

如果狀態從①到④依序加重，甚至變得比④還要嚴重時，那就相當危險了。

①身體有明顯不適的微笑憂鬱
②心中有強烈沮喪與不安的微笑憂鬱
③無法控制情緒的微笑憂鬱
④身體無法隨心所欲動彈的微笑憂鬱

在①的階段，因為比起精神症狀更容易意識到身體症狀，所以很少有人會懷疑自己可能是得了憂鬱症或適應障礙症。

因此比起精神科或身心醫學科，**更多人會選擇去內科看診**。說不定還有人會用市售藥物來抑制症狀。

在②的階段，就算察覺到了自己有精神症狀，但由於身體狀況沒有任何變化，**通常會覺得「我只是情緒低落而已」**。

但是，①和②都不是自己平常的狀態，所以無論在工作上或在家庭內，犯錯的頻率必然會增加。身邊的人都會指出這一點，也容易有人提醒自己要「專心一點」。由於當事人還是很努力在維持正常的社交生活，所以很少有人會懷疑是生病了吧。

到了③與④的階段，自己也能感受到身心出了問題，並且身邊的人同樣能明顯察覺到自己的異樣。

開始有越來越多的人會擔心你：「是不是休息一陣子比較好？」或是建議你去精神科或身心醫學科就診。

倘若症狀變得比④還要嚴重，甚至難以產生「來做這件事吧」、「我想做那件事」的念頭，臉上恐怕也無法再露出笑容。

微笑憂鬱可以這樣恢復

看完以上的說明，讀者或許會覺得有些可怕，但是請放心。不需要著急，微笑憂鬱是可以慢慢恢復的，只要及早發現身心的失衡、正確應對，就能加快恢復的速度。

微笑憂鬱的復原順序如下：

①消沉與不安的感受減輕
②開始睡得著覺，食慾也恢復了，其他不適的症狀也有改善
③重新有了衝勁

最後恢復的是「衝勁」。

儘管原因尚未釐清，但有許多案例都是身心復原以後，才會恢復衝勁。有了這些預備知識以後，當自己的身體狀況出了問題，就可以比較快速的了解自己正處於怎樣的狀態，恢復期間又處在哪一個階段。

接下來從第二章開始，會逐一說明微笑憂鬱的四種狀態，並且介紹每種狀態常見的煩惱，以及消除的方法與技巧。

倘若發現自己有微笑憂鬱的症狀，儘管希望讀者能盡快前往醫院看診，但如果有人無法馬上採取行動，也希望這本書能給各位帶來參考。

最後一章，將會介紹從根本改善微笑憂鬱的方法。

第2章

明明不覺得沮喪或不安，身體卻怪怪的！

～踏上後就身體不適的道路～

明顯身體不適
在「踏上後就身體不適
的道路」上的人們

這一章將介紹微笑憂鬱四個世界裡的第一個，「踏上後就身體不適的道路」，並說明這個世界裡的人們是怎樣的狀態。

如果以下的情況持續了超過兩週以上，代表你是微笑憂鬱中「身體不適較為明顯的類型」。

- 對長期的身體不適感到「痛苦」
- 就算去看內科醫師也查不出身體不適的原因
- 開始影響到工作與家事

具體來說，會出現第五十七頁所列出的各種身體症狀。

明明做的事情和以前一樣，身體卻會感到不適，還沉重得整個人像是要慢慢陷進地面裡一樣。

那麼，上述情況可以如何及早察覺呢？重點有以下三個。

重點1 檢查自己有沒有其實感到痛苦，但在暗暗忍耐的事情

這類型的人在開始感到身體不適後，往往會覺得「這麼點小病痛，吃點市售藥物就能治好了」。

當然，有時市售藥物與保健食品確實能夠緩解疲勞與倦怠，而且由於症狀有所改善，還會覺得自己做了正確的處置吧。

但也因為這麼做，使得不少人都**沒有正視到造成自己身體不適的真正原因，也就是精神層面的壓力，導致好幾個月、甚至長達數年，都覺得身體狀況欠佳。**

而這樣不過是在逃避面對自己的症狀，所以常常有的時候會突然惡化，或者又多了其他不適的症狀，甚至就連市售藥物與保健食品都不再有用。

「微笑憂鬱」中身體不適較為明顯的類型，會有以下這些症狀

- □ 強烈的心悸
- □ 胸口苦悶有壓迫感
- □ 喉嚨感覺有異物
- □ 整個人覺得疲勞、倦怠、有氣無力
- □ 很累卻睡不著覺
- □ 夜裡醒來好幾次
- □ 頭痛
- □ 低燒
- □ 耳鳴、頭暈、貧血
- □ 腹痛、便秘、腹瀉、噁心想吐
- □ 肩膀僵硬、腰痛、關節痠痛、浮腫、發冷
- □ 頻繁出汗、盜汗嚴重
- □ 沒有食慾，又或是暴飲暴食

除此之外，有以下這些情況也必須小心：明明肚子餓了卻吃不下、沒有食慾、吃一點就覺得肚子很飽、以前愛吃的東西現在卻食之無味；抑或是反過來，明明已經飽了卻還是一直進食，就是忍不住要吃東西。

倘若體重有急遽的增加或減少，就有可能是得到了微笑憂鬱。

特別要注意的是體重減輕的時候。因為食慾與壓力息息相關，一旦有了壓力，有時候會有拒食傾向。

撇開減肥這個因素，只要體重在一年內以超過5％的速度在減輕，就有可能是微笑憂鬱（五十公斤的人是二．五公斤，四十公斤的人是兩公斤）。

食慾無論是過於低下或旺盛，都和自己以前的進食習慣不同，所以往往會開始避免與他人一起用餐。直到體型出現變化之前，身旁的人都無法察覺到異樣。

症狀若是加劇，有時候還會出現味覺異常，不管吃什麼都覺得沒有味道，就好像在咀嚼沙子一樣。

這種時候最重要的是，要仔細思考自己「有沒有其實感到痛苦，但在暗暗忍耐的事情」。

每個人的感受都不相同，也有的人會覺得「雖然體重增加了，但我並沒有覺得難受的事情」、「雖然晚上睡不著覺，但白天可以，所以沒問題」。

只要掌控好生活節奏，就不會感到太痛苦吧。然而一旦失去控制，早晚會為此痛苦不已。

調理身心的時候，經常會有人說「要過規律的生活」、「要保持運動習慣」、「三餐要按時吃」，但我並不認為非得照做不可。

每個人有自己的生活習慣，就算過著日夜顛倒的生活，但只要本人不覺得痛苦，不會影響到日常生活，那就沒有問題。

重點2 釐清身體不適的原因

這類型的人大多在察覺到身體不適時，會前往內科看診。

但就算找了醫師看診與做檢查，也並未發現器官有任何異常，醫師還會說「可能是精神上的問題」。若就此前往精神科或身心醫學科看診那倒還好，但也有人會覺得「這沒什麼大不了」，而選擇不去看診。

此外，儘管身體不適的情況較為明顯，但也不代表完全沒有精神症狀。正確說來，是直到醫師問起之前，都**沒有意識到自己有精神上的壓力**。

每當向這類型的患者問起：「做完內科檢查後，並未發現你的身體有任何異常，對此不知你怎麼看？」患者便會尋思起來，「這麼說來……」「經你這麼一說……」然後開始訴說自己有以下的精神症狀。

- 好像是因為身體狀況不好，老是覺得鬱鬱寡歡
- 感到不安的時候，會有強烈的心悸
- 由於從早到晚都在工作，無法轉換心情
- 跟上司處得不好，提不起勁去上班
- 跟妻子因為離婚的問題起了爭執，心情很沉重
- 容易對小孩子心浮氣躁
- 有時候會自責到忍不住掉淚

在各種壓力來源的交互作用下，最終就演變成了身體上的病痛顯現出來。也就是說，是**身體正代替心靈發出求救訊號**。

重點3 「做不到的事情」是否變多了？

儘管我總是宣揚：「如果你覺得身體不舒服、感到痛苦的話，就請來看診吧。」但擅長忍耐的人，往往會覺得這點程度自己還忍得住，就這麼強撐下去。

但隨著「做不到的事情」增加，**開始影響到日常生活，代表已經進入微笑憂鬱的狀態了**。

好比在工作上遲到或犯錯的次數增加、以前可以輕鬆做到的事情現在卻懶得去做、忘記排好的行程、不想外出、不想與人見面等等，若有以上這些情況，請當作是身心正在發出的求救訊號。

而且一旦影響到了日常生活，**身邊的人也會開始擔心自己**。若有這種跡象，請意識到自己可能是得到了微笑憂鬱。

ピザクーポン

「單純身體上的疲憊」與「微笑憂鬱所造成的疲勞」的差異

或許有人會納悶，究竟要如何區分單純身體上的疲憊，與微笑憂鬱所造成的疲勞？這種時候，請仔細觀察以下這兩點。倘若都吻合，就有可能是微笑憂鬱。

- **身體的不適持續了超過兩週以上**
- **除了疲勞以外，也有失眠、有氣無力、情緒低落等不適症狀**

多數身體上的疲勞，在好好睡過一覺後就會消失。

比如長時間的繁重工作與久違的運動之後，身體會重得像鉛一樣或是肌肉痠痛，但只要好好休息，幾天過後就會恢復。

然而，微笑憂鬱所造成的疲勞，就算睡過一覺也不會消失。這是因為疲勞源自腦內神經傳導物質的分泌失調，以及周遭的環境與人際關係。

只要沒有從根本解決問題，疲勞的感覺就不會消失。

另外，如果單純是身體上的疲憊，很少會出現失眠、有氣無力、情緒低落等的精神症狀。所以，即使不覺得自己有不安或情緒低落的情況，也請回顧一下近來自己身邊發生的事情，好好檢視自己的心理狀態。

但就算有些精神症狀，通常在身體的疲勞消除後，就會恢復到平常的狀態。如果超過兩週都沒有恢復到平常的狀態，甚至還惡化了，就有可能是得到了微笑憂鬱。

從下一頁開始，會介紹身體有著明顯不適的微笑憂鬱者在日常生活中有什麼煩惱，以及可以如何應對。

從根本解決微笑憂鬱的方法將在第六章作介紹。至於從第二章到第五章所介紹的內容，可以當作是給讀者的建議，希望能協助各位度過痛苦的日常。

在「踏上後就身體不適的道路」上的人的煩惱①

全身（或是胸口一帶）感覺很沉重
先專注一小段時間

在「踏上後就身體不適的道路」上的人們，似乎**一直都會有身體很沉重的感覺**。

儘管希望這樣的人能在感覺沉重倦怠的時候，就不再勉強自己、放鬆腳步，但也有人只要什麼都不做就會責怪自己，或是覺得自己這樣會給身邊的人造成困擾，於是產生罪惡感吧。

這種時候，建議可以照著以下所說，**在短時間內集中做某一件事情**。

①短時間的伸展操

人在持續性地感受到壓力時，全身肌肉會在不知不覺間非常緊繃。就算去看了醫生，還是有不少人全身硬得跟石頭一樣，所以會去找整復師推拿。

身體之所以緊繃僵硬，是因為在有壓力的情況下，身體容易進入防禦狀態，使得肌肉緊張收縮。尤其只要一有壓力，肩頸的肌肉就容易緊繃。

當人在壓力下感到緊張與不安時，就會刺激到自律神經系統，使得身體產生「戰鬥或逃命」（Fight or Flight）的反應。

這是身體在遇到危險時會有的自然反應，而這種反應會讓身體分泌腎上腺素等等的壓力荷爾蒙，使得心率與血壓上升，肌肉處於緊繃狀態。倘若不間斷地承受壓力，有時候就會演變成慢性肌肉緊繃，引發肌肉痠痛與僵硬。

只要身體不那麼緊繃，心情也會放鬆下來。所以請試著依照左頁的步驟，來做幾分鐘的肩頸伸展操吧。

舒緩身體緊繃的肩頸伸展操

以兩種伸展操為一組，一天共做三次。除了工作間的空檔與休息時間外，在睡前做做伸展操、放鬆肌肉，也是不錯的選擇。

頸部伸展操

①保持坐姿，低頭將下巴壓到胸前，維持這個姿勢15秒。
②慢慢抬頭回到原位後，接著盡量將右耳壓向右肩，維持這個姿勢15秒。
③再次慢慢抬頭回到原位，然後盡量將左耳壓向左肩，維持這個姿勢15秒。

肩膀伸展操

①保持坐姿，背部挺直，右臂伸向左前方。
②以左手固定右臂，感受右肩的拉伸，維持這個姿勢15秒，接著換邊重複。
③雙手垂放回原位後，往前伸出交叉十指，接著前傾伸展，再往左右大幅度地轉動手臂（感受背部肌肉的拉伸），持續30秒。

②花十分鐘集中做自己喜歡的事情

建議可以用自己喜歡的方法來集中精神。因為做自己喜歡的事情時，最有益於身心的安定。

如果喜歡活動身體，可以在住家附近散步十到十五分鐘。活動身體已被證實為有效的運動療法。

如果喜歡畫畫或下廚，也能試著集中十分鐘的時間來做這些事情。

要是不管做什麼事情都無法集中精神，那就早點上床睡覺吧。

儘管有些人不太看重睡眠，但身體狀況不好的時候，與其忙東忙西，有時睡覺是最好的解決辦法。

因為當天的狀況與心情，未必會延續到隔天，那倒不如下定決心早點睡覺，讓大腦與身體休息，有時反而是幫助自己恢復的關鍵。

在「踏上後就身體不適的道路」上的人的煩惱②

睡眠品質欠佳（難以入眠・睡到一半醒來）

設法避免睡眠品質的下降

如果你有失眠的症狀，像是明明很累卻睡不著覺、難以入眠、半夜醒來，那麼可以試著改變以下這些會影響到睡眠品質的事情。

- 含咖啡因飲料的攝取量與時間
- 晚餐時間
- 酒精的攝取量與時間
- 睡前的習慣

咖啡因會刺激大腦，趕跑睡意，所以必須特別留意攝取的量與時間。

另外，用晚餐的時間也很重要。要是飯後馬上睡覺，腸胃卻還在消化蠕動，會讓人難以入眠。

而喝酒不只會使人失眠，還會對肝臟、心臟、腸胃與大腦等所有器官造成負擔，引發病變，現在更已經確定會讓憂鬱症的症狀加重，所以**最理想的情況是滴酒不沾**。一旦發現自己睡不好，就調整一下酒精的攝取量與時間吧。

酒精會減少深層睡眠，並增加淺眠的時間，甚至會讓人在半夜醒過來，降低睡眠品質。

另外藍光也要注意。因為藍光具有很強的能量，能夠直達眼球深處，抑制褪黑激素的分泌，而褪黑激素又被稱作是「睡眠荷爾蒙」。

近年來，市面上開始出現稱作**「睡眠科技」**的助眠產品。

提升睡眠品質的方法

調整含咖啡因飲料的攝取量與時間

- 含咖啡因飲料（咖啡、紅茶、綠茶、烏龍茶與能量飲料等）一天以1～2杯為限。
- 改喝低咖啡因咖啡、麥茶、南非國寶茶與黑豆茶等不含咖啡因的飲品。
- 傍晚過後不喝。

調整吃晚餐的時間

- 睡前三小時就吃完晚餐。

調整飲酒的量與時間

- 改喝酒精濃度較低，或是無酒精的啤酒。
- 睡前三小時不飲酒。
- 想配一杯酒吃晚餐的時候，就提早吃晚餐。

改變睡前的習慣

- 睡前不接觸電子產品的藍光。
- 戴抗藍光眼鏡。
- 貼抗藍光螢幕保護貼。
- 睡前1～2個小時開始就調暗房間的照明。

使用能夠偵測睡眠品質的工具

- 智慧手錶（可以監測睡眠品質）。
- 睡眠偵測APP（睡覺時只要打開APP，將智慧型手機放在枕頭旁邊，就能夠監測、記錄與分析自己的睡眠情況）。
- 使用睡眠期間能夠偵測腦波的眼罩。
- 客製枕頭。

我也會用蘋果手錶監測自己的睡眠狀態，因為能夠偵測到自己深層睡眠的時間有多長，所以每天檢查結果成了我的樂趣之一。

數值好的日子，只要回想當天做了哪些事情，就能夠清楚知道怎麼做有助於提升睡眠品質，進而加以改善。

如果真的怎麼也無法入眠，或是半夜醒來後再也睡不著，那麼不如離開被窩，做點自己喜歡的事情吧。一旦焦慮地想著「得趕快睡著才行」，反而會因為緊張讓神智更是清醒，完全睡不著覺。

倘若躺在床上，焦慮地催促自己趕快睡著，那麼床鋪就會變成是讓自己感到有壓力的地方。所以睡不著時，請先離開被窩，讓自己放輕鬆，也可以試著躺在沙發上。重點在於，不要想著得讓自己趕快睡著。

在「踏上後就身體不適的道路」上的人的煩惱③

沒有食慾

吃得下的時候，就吃些容易吞嚥的食物

在「踏上後就身體不適的道路」上的人們，有的會食慾不振，有的則是食慾旺盛，需要注意的是沒有食慾的情況。因為沒有食慾除了會讓體力變差，進而讓身體的不適加重，也容易讓人感到不安與情緒低落。在這種狀態下，會連去醫院的力氣也沒有。

這種時候，先試著吃些自己喜歡的食物，或是感覺吃得下的食物吧。

這個階段不需要考慮營養均衡，請以攝取熱量為先，也不需要在意進食的時間。只要覺得自己現在吃得下，那就吃吧。

另外，這個階段建議吃些容易吞嚥的食物，比如第七十七頁介紹的那些。這些食物的好處在於消化速度快，能夠節省消化所需的能量。

例如即飲式與果凍狀的營養補給品，還有醫療現場也會使用的高熱量飲品等等，只要在網路上下訂單，最快隔天就能收到。

近來還有下單之後，商家就會定期配送營養均衡飲食的網路平臺，另外也有線上超市。實在提不起力氣的時候，可以設定一個月的時間，試著利用這些服務。

要是已經到了不管吃什麼都無滋無味、好像在嚼蠟一樣的地步，代表症狀已經非常嚴重，請一定要前往醫院看診。

食慾不振時可以如何應對

吃些容易吞嚥的食物來攝取熱量吧！

- 湯、蔬果昔
- 白粥、雜燴粥
- 優格
- 豆腐
- 冰淇淋
- 即飲式與果凍狀的營養補給品
- 高熱量營養食品

沒有體力出門買東西和煮飯的時候，利用這些便利的服務與工具吧！

● nosh

以定期定額的方式，幫忙調配低醣便當的宅配服務。可以從數十種便當中挑選自己喜歡的菜色。

● GREEN SPOON

配菜健康又豐富的便當宅配平臺。就連小菜、湯品、沙拉與蔬果昔也能配送。

● Amazon Fresh

Amazon直營的線上超市，除了蔬果與肉類、海鮮等生鮮食品，也買得到熟食、料理懶人包與日常生活用品，最快大約兩個小時就能送到家（需要先確認配送區域）。

● 無水自動調理鍋．電子壓力鍋

只要放入食材與調味料，就能自動煮好一道菜。

＊以上服務僅限日本當地，讀者可自行選擇最適合自己的便利服務與工具。

在「踏上後就身體不適的道路」上的人的煩惱④

變得比以前敏感
利用工具協助情緒恢復穩定

如果能夠接受治療，容易受到刺激的感覺一定能夠慢慢改善。這些症狀只是暫時性的，不需要過度擔憂，**也可以利用左頁列出的那些工具，協助讓自己的情緒逐漸恢復穩定**。

尤其天生纖細又感性的高敏感族群，容易被五感（視覺、聽覺、嗅覺、味覺、觸覺）所刺激，所以就算並未身體不適，也容易受到環境的各種刺激，導致容易疲勞。

五感敏感時可以如何應對

對光線感到刺眼

- 撐陽傘或戴太陽眼鏡（有種眼鏡還會根據紫外線的強弱來調整鏡片顏色，可以當作太陽眼鏡使用）
- 戴抗藍光眼鏡
- 為電腦螢幕貼上保護貼
- 使用間接照明
- 降低電視、電腦與智慧型手機的螢幕亮度，或設為夜間模式

對聲音感到敏感

- 使用耳塞或降噪耳機
- 挑選能夠穩定情緒的歌曲設定成歌單，在想集中精神的時候聆聽
- 冬天時使用耳罩

對氣味感到敏感

- 外出時隨身攜帶手帕或毛巾，在邊緣滴上些許喜歡的精油（消除疏離感，鎮定心神）

對觸感感到敏感

- 外出時隨身攜帶摸到時會感到愉快的物品，比如鬆軟的毛巾、光滑的披肩、毛絨絨的小布偶等
- 改用舒適的靠枕或坐墊
- 睡覺時鋪上舒適或觸感柔軟的床墊

每天長時間使用的物品，都替換成能讓自己感到舒適愉快的品質，有助於提升幸福感！

我常聽高敏感人說，他們會想很多方法來讓自己不那麼敏感。所以我在ＩＧ上做過問卷調查，想要知道大家平常是如何穩定自己的情緒，收到了以下這些回覆。

- 照明改用暖色調（視覺）
- 睡前噴些枕頭專用的香氛噴霧，播放療癒音樂（嗅覺．聽覺）
- 點香氛蠟燭，播放柴火聲的睡眠音效（嗅覺．聽覺）
- 在電車或公車上戴降噪耳機（聽覺）
- 選用棉質內衣（觸覺）

以上這些方法，各位覺得如何呢？我從收到的眾多回覆當中，挑選出了幾個感覺特別有效的方法。如果有適合自己的方法，請務必嘗試看看。

緩解體內壓力的技巧

想要消除自律神經失調所導致的身體不適，有一個方法叫做「自律訓練法」（autogenic training）。這是德國精神科醫師舒爾茲（Johannes Heinrich Schultz）在一九三二年整理成一套系統的方法，在家裡也能輕鬆做到，所以十分推薦。

國外對其效果進行實驗的論文（※1）顯示，壓力巨大的護理系學生持續進行了自律訓練法之後，血壓與心率都有降低的趨勢，不僅學生的壓力減輕，向學校請假的天數也變少了。

接下來便介紹自律訓練法裡的幾個步驟，不管是首次嘗試還是獨自一人，都可以輕鬆完成。所需時間只要五到十分鐘，完全可以趁著工作的休息時間練習。據說持續得越久越有效，所以請試著養成習慣吧。

步驟 首先摘掉眼鏡、手錶與飾品等會帶來束縛感的物品。

①在能靜下心來的地方採取舒服的姿勢，身體放鬆。

②閉上眼睛，重複幾次深呼吸。

③在心裡不停反覆地說「我現在心情很平靜」。

④想像一處自己能放鬆歇息的地方（例如被窩、浴缸和曬得到太陽的地方）。

⑤感受到心情沉澱下來以後，就在心裡不停反覆地說「我的手腳很重」。從慣用的那一手開始放鬆肌肉，感覺手臂變得沉重。再來換另一隻手，然後是雙腳，依序去感受手腳的重量。

⑥感受到手腳的重量後，接著在心裡不停反覆地說「我的手腳很溫暖」。在內心安靜祥和的狀態下，去感受雙手雙腳的溫度與重量。先從慣用手開始感覺溫暖，再來是另一手，然後是雙腳。

⑦睜開眼睛，雙手慢慢的反覆握拳再鬆開。

並且在保持握拳的狀態下，抬起與放下手臂，屈伸手肘。最後是大力伸個懶腰。

⑦的動作，是為了讓意識與身體從放鬆的狀態（①～⑥）回到原本的狀態。請在要重新投入工作或者做家事的時候，跟著這麼做吧。如果是在白天進行訓練，一定要做⑦這個解除動作，但如果是在睡前進行，⑦這個步驟就可以省略。

說不定……

其實是重大疾病的警訊

身體有明顯不適的微笑憂鬱者，因為症狀有時會與其他疾病十分相似，所以可能不會想到是心裡生病了；但反過來說，這也有可能是其他重大疾病的警訊。

需要注意的是，去看過內科後，得到的診斷是**自律神經失調症**。因為自律神經失調症並非是醫學上的病名，只是泛指一種「**身體因不明原因感到不適的狀態**」，並沒有明確的診斷基準。

自律神經正如字面所示，是一種會自律（自主）運作的神經系統。**一旦懷有壓力，自律神經就有很高的機率會失調**。

人的身體有像手腳一樣可以自主控制的部位，也有像血管與內臟一樣無法自主控制的部位。而掌控後者這種無法自控部位的便是自律神經，並且由交感神經與副交感神經所組成。

若把身體比喻成車子，交感神經就像是負責「踩油門」，提升心跳速度，讓身體活動起來。想要督促自己工作或開始運動的時候，以及感到緊張、興奮或有壓力的時候，交感神經就會比較活躍。

相對地，副交感神經就像是負責「踩煞車」，會使心跳變慢，讓身體放鬆下來。例如飯後放鬆休息與睡覺的時候、感覺得到療癒的時候，就換副交感神經比較活躍。

當兩者的運作達到平衡，身體就能保持在健康和諧的狀態下。

但是，一旦身心感受到過大的壓力，交感神經就會處於活絡狀態，如同全力踩下油門一般，讓全身各處產生發炎反應，對身體造成負擔。

反過來說，如果一直是副交感神經比較活絡，那就形同踩著煞車不放，容易早上起不來、不想活動身體，全身倦怠無力。

當交感神經與副交感神經的運作無法達到平衡，這就叫做「自律神經失調」，因此而生的各種不適症狀則統稱為「自律神經失調症」。

聽到自己的症狀有了一個煞有其事的病名後，多數人就會覺得弄清楚了原因，所以不再深入探究。除非醫師指出可能是心理上的問題，否則根本不會想到要去精神科或身心醫學科就診吧。

微笑憂鬱者會有的各種不適症狀，與自律神經失調症的症狀幾乎相同。所以，就算聽到診斷的結果是自律神經失調症，最好還是抱持懷疑的態度，前往精神科或身心醫學科看診吧。

有可能其實是甲狀腺機能低下或腦梗塞

另外，還有一種疾病也會出現與微笑憂鬱者類似的不適症狀，就是**甲狀腺機能低下症**。

甲狀腺是個微小的器官，位在喉結下方，會分泌甲狀腺激素這種荷爾蒙。

甲狀腺激素分泌後，會被送往心臟、肝臟、胃腸與大腦等體內的各個器官，促進新陳代謝。

而甲狀腺機能低下症，指的就是甲狀腺無法分泌足夠的甲狀腺激素，使得人體出現倦怠、疲憊、全身無力、心悸、浮腫與便秘等各種不適的症狀。

甲狀腺機能低下症之所以很難察覺，是因為**做健康檢查的時候，並不會檢測甲狀腺的數值**。但其實只要做抽血檢查，就能知道甲狀腺的數值是否正常。

還有一種疾病，會出現與微笑憂鬱者類似的不適症狀，就是**腦瘤、腦血管病變與腦梗塞等腦部疾患**。

腦瘤即是大腦長了腫瘤，腦血管病變則是大腦血管發生病變，使得大腦功能低下，腦梗塞起因於大腦血管阻塞。

有些案例都是在上述這些病症發病後，掌管感受與情緒的部分受到影響，因此產生了沮喪、不安、幹勁消退等等的精神症狀。

通常都要等到半邊身體出現發麻或無力的情況，或者是頻繁地拿不住手上的東西、講話口齒不清，有了這些症狀以後，才會去懷疑可能是有腦部疾病。

有的還是在出現初期症狀，去做了磁振造影（MRI）檢查後，才發現腦部疾病，明白了之前為何會有情緒低落與不安等等的精神症狀。

有的則是抽血檢查之後，發現腎臟或肝臟的數值不好，又或是電解質失衡，因而釐清這才是導致身體病痛的真正原因。

有時候你以為是身體上的病痛，其實是心理因素；有時候你以為是內心生病了，其實是身體也在發出警訊，所以關鍵在於不能置之不理，一定要查明原因。

第3章

身體很健康，低落的情緒與不安卻讓自己疲憊不堪

～看不見希望的森林～

心中有強烈的沮喪與不安
在「看不見希望的森林」
裡的人們

這一章將介紹微笑憂鬱四個世界裡的第二個，「看不見希望的森林」，並說明這個世界裡的人們是怎樣的狀態。

「強烈的沮喪與不安」，是經常聽到的對憂鬱症的描述，所以或許很容易就能有想像畫面吧。如果以下的情況持續了超過兩週以上，代表你是微笑憂鬱中「懷有強烈沮喪與不安的類型」。

- 一整天都情緒低落或意志消沉
- 獨處時會沒來由地感到不安
- 身邊的人都說自己的行為和表情跟以前不一樣

具體來說，會出現第九十五頁所列出的各種精神症狀。

雖然並未身體不適，卻感到情緒不穩，有種不管做什麼都看不到希望、看不見美好未來的感覺。

那麼，上述情況可以如何及早察覺呢？重點有以下三個。

重點 1

什麼時候感到情緒低落與不安

這類型的微笑憂鬱者會有沮喪與不安等等的精神症狀，但有人有明確的理由，有人則沒有。

好比工作失誤、考試落榜、與重要的人分開以及寵物的離世，這些事情無論是誰都會感到沮喪和不安。

如果是因為這種「明確的理由」而有段時間感到沮喪和不安，首先要懷疑的是可能有**適應障礙**（參考第三十六頁）。

反之，如果沒有明確的理由，卻一直感到情緒低落與不安的話，就**有可能是憂鬱症**。

「微笑憂鬱」中
懷有強烈沮喪與不安的類型，
會有以下這些情形

- ☐ 在同一件事上鑽牛角尖
- ☐ 每件事情都放大解讀，為此感到消沉
- ☐ 經常自責
- ☐ 心情總是抑鬱煩悶
- ☐ 覺得自己的笑容並非發自內心
- ☐ 隨時處於緊繃狀態
- ☐ 心浮氣躁、無法沉澱下來

但是，憂鬱症都是在各種因素交互作用下才引發，所以就算找得到特定原因，也一樣有可能是憂鬱症。

無論如何，若只是一時的沮喪與不安，那就不需要擔心。需要注意的是，當這種情況已經持續**超過兩週以上**，而**自己也為此感到十分痛苦**的時候。

女性還有因荷爾蒙失調所導致的經前症候群與更年期症候群，這些同樣會讓人產生沮喪、不安、煩悶與心煩意亂等的精神症狀。

只不過，經前症候群一旦月經來了，沮喪與不安的情緒就會慢慢緩和，等到月經結束後便會恢復原狀。雖然也有人因為經前症候群而有嚴重的精神症狀，並前往精神科與身心醫學科就診，但這種例子十分罕見。

至於更年期症候群，也會有情緒低落與不安的情形。

如果是四、五十歲停經前後的更年期，大多還會有燥熱（上半身脹紅、發熱與出汗等）或盜汗之類的身體症狀。

有時候，也會因為更年期的症狀而演變成「更年期憂鬱」，所以除非是醫師，否則很難辨別是不是單純的更年期症狀。

此外藉著中藥與荷爾蒙療法，有時能讓精神症狀穩定下來，所以只要心裡有疑慮的話，建議女性可以前往婦產科，男性則前往專治男性更年期的門診或泌尿科就診。

還有，雖然這類型的人精神症狀比較明顯，但並不代表身體完全沒有不適。多數案例都是因為強烈意識到了自己的精神症狀，就沒有注意到身體上的不適。細問之後，很多人都表示自己也有失眠、倦怠、食慾不振與頭痛等等的身體症狀。

重點2 自由時間能否放鬆歇息

每個人工作結束後回到家，只剩自己一人獨處的時候，通常都會表現出最自然、最放鬆的一面。

然後會想吃吃零食、看看電視，好好放鬆休息一下吧。

有孩子的人像是在哄孩子上床睡覺以後，只要有了自由時間，也會想投入自己的興趣當中。

但是，**如果自由時間還是無法放鬆、對於休息會產生罪惡感或是感到不安，這並不是一種健康的狀態**。

儘管人前可以裝作若無其事，但一回到家後，低落與不安的情緒便翻湧上來，眼淚也奪眶而出。

明明踏進家門前還活力十足，但回到家後卻提不起勁煮飯和吃飯，甚至連洗澡也要耗費大把的力氣，然後對這樣的自己感到失望，陷入自我厭惡當中……

這種情況如果持續了很長一段時間，可以說是得到了微笑憂鬱。

重點3 觀察身邊的人說了什麼

有顯著精神症狀的微笑憂鬱者，言行舉止很容易會和以前不一樣。

舉例來說，明明自認為表現得與平常無異，卻有人關心問道：「你累了嗎？」明明妝容完美，卻有人說自己的氣色很差；或是經家人提醒才發現自己又忘了同一件事情。就像這樣，經常有人指出自己與從前不一樣的地方。

當身邊的人這麼說時，你可能會想回說：「我沒事。」「只是有點累。」「我下次小心。」但其實這種時候，應該先坦然接受。身旁人們的提醒是非常重要的訊號。

「單純的不安」與「微笑憂鬱的不安」的差異

懷有強烈沮喪與不安的微笑憂鬱者，大多性格內向，而且有著一板一眼、循規蹈距、在意他人想法、責任心強、難以拒絕他人請託等等的人格特質。

過去精神醫學曾經認為，容易得到憂鬱症的人都具有所謂憂鬱親和型的性格傾向。

而之所以說是過去，是因為近年來已經普遍認為，**會得到憂鬱症，除了性格特質以外，還有很多其他的因素。**

只不過，性格特質終歸是原因之一，這點不會改變。而「懷有強烈沮喪與不安的微笑憂鬱者」，其與生俱來的性格，有可能會讓各種症狀更加重。

當微笑憂鬱的症狀加重，有些人就會出現自傷或者施暴的行為。幾乎可以假定有自責傾向的人容易選擇傷害自己，有責他傾向的人則是選擇攻擊他人。

要根據性格特質，來明確的區分究竟是「單純的不安」還是「微笑憂鬱的不安」

並不容易，但如果自責或傷害他人的情況已經持續了一段時間，就有很高的機率是得到了微笑憂鬱。

在強烈不安的驅使下反覆確認

另外，有的案例則是隨著不安加劇，會不由自主的反覆確認以下這些小事。

- 反覆確認住處是否忘記鎖門
- 買完東西以後，檢查錢包是否放進了包包裡
- 擔心沒能準時赴約，頻繁察看時間
- 覺得手很髒，不停洗手

我也曾在晚上睡覺前，忽然感到不安地心想：「對了，午餐的時候我曾把錢包拿出來，後來有收好嗎？」然後就爬下床去檢查背包。

那種時候，通常都是因為工作太忙碌了，導致身心十分疲勞。

倘若情況繼續惡化，就會演變成明明已經確認過錢包放在背包裡了，也回到了床上，卻又擔心錢包裡面是否有錢，再跑下床確認一遍。到了這種地步就是異常。

這種確認的行為雖是為了消除不安，但不安如果太過強烈，只檢查個一、兩遍是絕對無法消除的。

如上所述，這種反覆確認的行為，與其說是被與生俱來的性格影響，更該視作是不安正在加劇的徵兆。

表現焦慮且心神不寧

隨著不安加劇，有些人會明顯表現出心神不寧的樣子。尤其是得到了微笑憂鬱的高齡人士，很多都屬於這種類型。

曾有位七十多歲的女性患者來醫院看診，訴說自己的煩惱：「我突然怎麼也睡不著覺。」「便秘讓我很痛苦。」

在那一個月後，她食慾下降、體重減輕；三個月後，原本最喜歡的購物也無法再出門進行；半年後，因為割腕被送到醫院急救。似乎是失眠讓她產生了強烈的危機意識，害怕自己要是繼續睡不著覺，就這麼衰弱下去該怎麼辦才好，所以內心越來越焦慮不安。

此外，這位女性還擁有複數的不動產，每年年底都會申報納稅，卻因為擔心自己這次無法確實申報，整個人心神不寧。

像這樣不安日漸加劇後，就會開始擔心自己能否處理好日常生活的大小事，變得難以集中精神。

有時就算是年輕人，也會因為強烈的不安而表現出焦慮與煩躁，但通常都能自己找到解決的辦法，或是向認識的人尋求幫助，自行解決問題。

然而，人在上了年紀以後，腰腿會變得沒有以前靈活，認知能力也開始下降，以前可以輕鬆辦到的事情無法再輕易完成。

再加上身邊與自己同齡的人開始相繼離世，即便是微小的不安，也變得難以消除。一旦意識到自己總有一天也會死亡，就會產生焦慮與不安。

這些事情累積起來，內心的焦慮就會越來越龐大，變得難以保持冷靜，這也是不難想像的吧。

在「看不見希望的森林」裡的人的煩惱①

懶得與人見面
不必懼怕說謊，拒絕邀約吧

迷失在「看不見希望的森林」裡的人們，經常會有以下這種情況：雖然勉強過著正常的社交生活，卻很懶得與人見面，只想要一個人獨處。

有這種想法並非壞事。這種時候就不要勉強自己，順從內心的想法吧。

身體狀況不好的時候，可以**自己一個人好好放鬆**；或是**與願意配合自己步調、靜陪在身邊的人，以及與願意傾聽自己話語的人往來**。

如果有朋友或公司的同事提出邀約：「大家很久沒一起吃午餐了，走吧。」「要不要去喝一杯？」其實就算拒絕，這也沒有什麼大不了。因為疲憊無力的時候，優先穩定自己的身心狀況更重要。

似乎很多人都認為，收到邀約的時候必須馬上回覆。

但其實大可以先擺一邊，間隔個幾小時，甚至是隔個一天再回覆也沒有問題。最好先衡量過自己的身心狀況，再作決定。

作決定需要能量。當你因為微笑憂鬱而能量不足時，**與身體健康時相比，每一次作決定都會非常吃力**。

這年頭社會變化的速度很快，大眾也都重視效率與產能，但身體狀況不好的時候，**還是照著自己的腳步慢慢來吧**。

遇到邀約，可以拖點時間再作回覆，別給自己帶來壓力。如果最終還是覺得提不起勁，那就拒絕邀請吧。

精神狀態不佳時，更要善用謊言

但是，大概也有人會裹足不前，不知道該如何拒絕吧。這種時候，可以參考左頁的拒絕方式。說謊也是一種權宜之計。**身心狀況不好時，說點小謊無可厚非。**如果對方是自己能夠信任的人，說不定還能藉此機會說明自己的症狀，傾吐心中的煩惱。

若還是有人覺得拒絕別人不好，不如試著想像一下，究竟拒絕以後情況會有多麼糟糕吧。或許有些人會擔心，對方以後再也不會開口邀自己了，但其實這種不安大多只是杞人憂天。

巧妙推掉邀約的方法

不在第一時間正面回覆

- 「我不知道工作什麼時候才能結束……等快要結束的時候再回覆你。」
- 「那天好像已經有約了，等我確認過後再跟你聯絡。」
- 「記得那天我已經跟家人有約了。」
- 「抱歉，今天因為家裡有事，必須早點回家……」
- 「現在手邊的工作完全做不完……等這項工作結束了，或許就有空了。」

以身體不適為由婉拒

- 「我肚子有點不舒服……」
- 「剛好今天頭很痛。」
- 「我好像有點發燒，安全起見還是想好好休息。」
- 「剛好現在有點牙痛……」
- 「我從早上開始就覺得身體不太舒服……」
- 「我最近完全睡不著覺。」（※僅限可以信賴的人）
- 「這段時間我一直覺得心情很悶。」（※僅限可以信賴的人）

在邀請這件事上，人可以分成「邀請人」與「被邀請人」這兩種，通常邀請人都是比較主動且開朗大方的類型。他們早就習慣被拒絕，所以即使收到拒絕的回覆也不會放在心上。

還有一種情況是與人見面之後，結果發現自己意外樂在其中，整個人好像也恢復了點活力。會有這種想法，代表你正處在開始恢復的階段。

但**如果與人見面之後，反而感到消沉、後悔，代表現在這個階段還不適合與人見面**。暫時還是一個人獨處，好好放鬆歇息吧。

隨著身心狀況慢慢恢復，自然而然會對生活周遭的事物產生興趣，也會萌生想要與人見面的心情。

在「看不見希望的森林」裡的人的煩惱②

無法發自內心享受每一件事情

試著察覺自己內心真正的想法

越是在意他人想法的人，越會在不好笑的時候還是擠出笑容，避免氣氛變得尷尬。也就是所謂的「假笑」。

假笑因為與內心的想法背道而馳，很容易演變成壓力，導致疲勞累積。

倦怠無力的時候，**不需要勉強自己擠出笑容**。但就算一直以來都習慣擠出不自然的假笑，那也沒有關係，別因為無法打從心底開心，就感到自責。

話雖如此，有些人還是不想給他人留下不好的印象吧，那麼這種時候，可以一邊笑著，一邊試著去**發掘自己心裡「真正的想法」**。就像這樣：

● 明明一點也不好笑，我居然還笑得出來，真是了不起

● 明明不開心，要裝作開心的樣子還真是不容易啊

這樣是不是有些討人厭呢？

但這種討人厭的想法，才是你應該重視的真心話。

離開現場以後，你可以嘀嘀咕咕地抱怨幾句，也可以長嘆口氣。只要練習去接受自己內心「真正的想法」，漸漸就不會再口是心非，也有益於在需要察言觀色的場合上，減輕內心的壓力。

在「看不見希望的森林」裡的人的煩惱③

聽人說話時無法集中精神
使用工具來記錄對話內容

當不安與低落的情緒已經持續了一段時間，身心都無法放鬆下來時，思考能力與注意力就會跟著下降。有時就算努力去聽別人在說什麼，也很難進到腦海裡。

但如果已經到了心神不寧、注意力無法集中的地步，這種時候就不要勉強自己，應該比平常更妥善照顧好自己。

如果有重要的會議，擔心自己漏聽部分內容，**可以使用智慧型手機的錄音APP或是數位錄音筆錄音**。

錄下來以後，就不用再擔心「要是漏聽了怎麼辦」，有助於集中精神去聽對方在說什麼。

而且只要預先知會一聲：「我打算事後再聽一遍，所以請容我錄音。」就不用擔心錄音是失禮的行為，說不定反而能讓對方留下印象，覺得你對工作很有熱忱。

現在還有一種功能是只要上傳音檔，就會自動將語音轉換成文字，所以可以善加利用工具、找到方法，讓自己就算無法集中精神也能順利完成工作。

當對方說話說得太久，想要打斷的時候，可以假裝突然接到來電或是收到簡訊，也可以表示自己想去上個廁所，藉故離開現場。只要有方法能讓自己喘一口氣，也不會對對方太過失禮，就請善加利用吧。

在「看不見希望的森林」裡的人的煩惱④

希望明天不要到來

試著說出你為什麼會這麼想

好希望明天不要到來。如果你有這樣的想法，**請試著在獨處時說出你為什麼會這麼想，大吐一波苦水；或是寫在紙上，再把紙張撕碎並丟掉。**

理由想必都是一些負面的事情吧，比如「因為我不想去學校」、「有好多事情要做，可是根本不知道什麼時候才做得完」等等。

有些人或許還會說別人的壞話、批判這個社會，說些惡毒的言語。

可是，再怎麼樂觀積極、再怎麼溫柔善良的人，內心也一定會有負面的想法。當然，偶爾也會在心裡這麼痛罵吧：「笨蛋！」「去死！」

在心裡要怎麼想，是每個人的自由。

精神科醫師與心理師都會一邊傾聽患者所言，一邊了解有哪些症狀；而會要求患者說出心裡的想法，都是想讓患者能輕鬆一點。**因為如果想要改正錯誤的認知，首先得吐出心裡所有的想法，讓身心變得輕盈**。

你或許會對破口大罵的自己產生厭惡，也可能在發現自己都沒有改變後心生焦急。這種時候，請將傾吐負面情緒的行為，**當作是一種抒壓方式**。

身心健康的時候，當然可以去唱ＫＴＶ、與人一起喝酒，藉由這種外放的行為來抒發壓力，可是全身倦怠的時候就不可能這麼做了。所以，不如就利用這些微小的行動，來緩和自己的情緒吧。

緩解不安與低落情緒的技巧

為了置身在「看不見希望的森林」裡的人們，在這裡介紹一種能夠緩解心理失衡的運動療法。

去綠意盎然的公園、庭園、森林或自然保護區等地方，**邊散步邊做森林浴**。可以走個二十或三十分鐘，在不勉強自己的前提下試著開始。

有研究結果顯示，運動療法有著與藥物治療一樣的效果。

還有論文（※2）指出，持續做有氧運動半年的憂鬱症患者，比起只接受藥物治療的憂鬱症患者，復發機率要低得多。

而且當人在做森林浴（森林療癒或自然療法）時，因為徜徉在植物所散發出的揮發性物質「芬多精」裡，會有助於緩解壓力、放鬆身心。另外也有論文（※3）指出，比起走在熱鬧的街頭，漫步於自然生態豐富的環境當中，更能讓血壓以及俗稱壓力荷爾蒙的皮質醇濃度下降，活化副交感神經。

步驟

①挑選林木豐富、空氣清新、適合運動的場所

最理想的地點是公園、庭園、森林與自然保護區等被大自然環繞的地方。

②慢慢深呼吸

用鼻子慢慢吸氣，再慢慢吐氣。這樣能夠盡可能地吸收到植物所釋放的芬多精。

③用全身感受大自然，漫步時放空思緒

用心感受自己的呼吸、吹到肌膚上的風，以及草木香氣與鳥鳴等「當下的瞬間」。就算中途浮現亂七八糟的雜念也無所謂，再重新去感受「當下的瞬間」就好。

④保持自己不感到疲憊的速度

散步時，按自己當下的身心狀態去調整步伐吧。

⑤養成運動習慣

關鍵在於一定要定期運動，保持每週數次的頻率，這有助於維持與提升身心健康。

說不定……

其實有可能是雙極性情緒障礙

如果你有一段時間非常活潑好動，接著又有一段時間會強烈感到消沉與不安，那麼比起微笑憂鬱，也許該懷疑有可能是**雙極性情緒障礙**（躁鬱症）。

雙極性情緒障礙是一種疾患，會有兩種狀態週期性循環，一種是情緒高亢激昂的狀態（躁），一種則是消沉到不想動彈的狀態（鬱）。

雙極性情緒障礙也是因為腦內神經傳導物質的分泌失調所引起。

躁期的時候，患者的情緒會非常亢奮，講起話來滔滔不絕，做事也是精神抖擻，絲毫沒有睡意。不僅身心感覺不到痛苦，還會覺得自己狀態非常良好，甚至產生「自己無所不能」的想法，好幾天都不睡覺，精力充沛地投入活動當中。

女性還會有化濃妝、盛裝打扮自己的傾向。

也有不少案例是與認識的人大吵一架、搞砸人際關係，或是胡亂花錢。

有時候甚至會花費超過自己經濟狀況所能負擔的金額，演變成金錢糾紛（曾有躁期的住院患者在網路上買了車，車子還送到醫院去）。

有雙極性情緒障礙的人，躁症的狀態會像這樣持續好幾週，然後情緒慢慢變得低落，再進入鬱症的狀態。同時，表情開始變得陰沉沒有活力，不與人接觸，什麼都不想做。

躁症越是明顯，鬱症的情緒低落就會越嚴重，所以轉換到鬱期時，會整個人突然無精打采，深陷在痛苦之中。

然而，雙極性情緒障礙很難僅憑一次的診斷就辨別出來，必須透過多次的回診來觀察變化。

躁症也需要控制得宜

雙極性情緒障礙的治療方式與憂鬱症還有適應障礙症不同，即便是活力充沛的時候，也需要服用藥物加以控制。

然而，多數患者從鬱期進入躁期以後，就會覺得「我好了，不需要去醫院了」，便不再到醫院就診。結果自是不用說，症狀只是不斷加重。

年輕人的發病機率雖高，但中老年人也一樣有可能得到。有些人甚至長年來都只有鬱症而已，但到了中高齡以後，卻開始出現躁期的症狀。

所以請試著回想自己過往的行為，如果有一段時間都充滿活力與幹勁，但又有一段時間情緒非常低落，而且反覆循環，要懷疑有可能是雙極性情緒障礙。

第4章

控制不了自己的情緒

～必須奮戰的戰場～

無法控制自己的情緒
在「必須奮戰的戰場」
上的人們

這一章將介紹微笑憂鬱四個世界裡的第三個，「必須奮戰的戰場」，並說明這個世界裡的人們是怎樣的狀態。

如果以下的情況持續了超過兩週以上，代表你是微笑憂鬱中「無法控制自己情緒的類型」。

- 開始會在意以前並不在意的事情
- 持續性地控制不好自己的情緒
- 身邊的人都在擔心自己

具體來說，會出現第一二九頁所列出的各種情況。

除了身體不適之外，還會有不安與低落的情緒，更會有一種不得不與身邊人們戰鬥的感覺。

那麼，上述情況可以如何及早察覺呢？重點有以下三個。

重點1 會不會為了一點小事就反應過度

第三章說過，懷有強烈沮喪與不安的微笑憂鬱者會忍不住「反覆進行確認」，而身在「必須奮戰的戰場」上的人們，也有類似的情況。

在這個世界裡的人，內心的不安會演變成懷疑，而身心健康時並不會在意的事情，現在卻非常在意，整個人草木皆兵。

明明沒有人說了什麼，卻時常處在焦慮與惶惶不安的狀態下，一個不小心還會做出衝動的發言與行動。

比如不肯罷休地指責他人的過錯、明明沒有人要求卻對某件事非常堅持、無法接受對方的反應就大聲說話等等。

「微笑憂鬱」中
無法控制自身情緒的類型，
會有以下這些情形

- □ 容易不耐煩，忍不住就大聲回話
- □ 周遭的人都很冷靜，卻只有自己在生氣
- □ 經常自責
- □ 會因為旁人說「你想太多了」而消沉沮喪
- □ 不需要著急，卻急著把事情做完
- □ 明知該冷靜下來思考，卻還是衝動行事，事後又後悔莫及
- □ 為了一點小事就掉眼淚

如果事後會冷靜下來，知道自己搞砸了、下次要小心，或是反省自己的作為，並懂得下次要改進，那麼這還沒有問題。

需要注意的情況是，覺得自己並沒有錯，沒有意識到自己的問題，或是嚇到旁人，**不斷做出過火的言行**。

如果還引來身邊人們的擔憂，代表你正處於難以控制情緒的狀態。

重點2 能否信任身邊的人

重點2與重點1有關，也就是當你凡事都開始過度解讀，有時會**變得無法信任身邊的人**。

例如看到某個人在說話，就懷疑他是不是在說自己哪裡不好，又或者若不能確切掌握另一半、孩子或下屬的情況，就會覺得不放心等等。

只要沒有明確的根據或事實，就過度懷疑別人，這種時候便需要注意。倘若對自己的解讀沒有信心，那就問問旁人的意見吧。

另外，如果得到了微笑憂鬱，不光是思考能力，注意力與判斷力也會跟著下降，工作效率因此變差，進而容易犯錯。

如此一來，就更是容易疑心他人，明明對方沒有生氣，卻覺得「他一定是生氣了」、「他一定覺得我很麻煩」。

內心的不安如果繼續膨脹下去，有些人的思考還會變得極端，比如「我不應該待在這裡」、「我活著也沒有意義」。

特別是有自責傾向的人，容易產生這樣的想法。

即便身邊的人已經表示理解，還是會忍不住責怪犯了錯的自己。別人越是安慰說「你不需要放在心上」，反而越在意。

我認為責怪自己，也是一種自傷行為。

儘管沒有實際傷害到自己的身體，但在自責的過程中，痛苦會不停增加，內心更是受創到連假笑也擠不出來的程度。

當情況惡化，超過微笑憂鬱的程度時，就有可能發展成實際的自傷行為，所以最好及早應對。

重點3 人際關係上的糾紛有無增加

反過來說，有責他傾向的人一旦發作，就會用各種方式向他人宣洩自己的煩躁與怒火，容易在人際關係上引發糾紛。

煩躁與憤怒都是人類很自然會有的情感。

問題在於將其表現出來。

有時候，會因為措辭強烈的一句話惹得他人不高興，又或是不肯罷休地強調他人犯錯的地方。

這類型的人，也經常在引發糾紛之後，陷入自我厭惡的情緒當中，萬分後悔自己為什麼要那麼做。

他們會深深自省，甚至心頭就像有把火在燒一樣，整個人坐立難安，說不定還會給人留下臭臉的印象。

儘管本人其實已經瀕臨崩潰邊緣，很努力在控制自己了……

假如人際方面的糾紛變多了，請趁著這個機會想一想，也許是自己已經無法妥善控制情緒。如果身邊的人曾經說過：「你最近好像怪怪的。」這也是一個重要的警訊。

「健康時的反應」與「微笑憂鬱時的反應」的差異

得到了微笑憂鬱後，不僅思考能力低落，難以冷靜判斷自己的身心狀況，也比較無法保持理智。

原本在理性狀態下可以壓抑的情緒，會變得難以抑制；曾經可以視而不見的事情，卻變得格外在意；曾經可以充耳不聞的事情，也會令自己感到受傷。

喜怒哀樂人人皆有，情緒也有高低起伏。遇到傷心的事情會流淚，遭到羞辱則會大發雷霆。

女性還會因為經前症候群與更年期障礙等原因，情緒變得不穩定。

但就算情緒因為這些明確的理由而有高低起伏，只要負面的情緒沒有持續太久，仍然可以算是處在健康的狀態。

只不過，如果沒有明確的理由，卻會突然哭泣、發火、整個人歇斯底里，這種情況持續久了，就代表你生病了。

與情感豐富的人有什麼不同？

那麼，要如何分辨這是正常的反應還是生病了？關鍵在於你的情況是「**一直以來都是如此**」，還是「**最近才變成這樣**」。

舉例來說，有些人聽到生物的生態、年幼孩童的處境，或是有人正在與病魔奮鬥，就會受到觸動，情不自禁流下眼淚。

倘若平日裡這種情況就經常發生，代表**這個人非常感性**，並不是得到了微笑憂鬱。只要是情感豐富的人，**日常生活中肯定有不少這種受到觸動的小插曲**吧。

另外也有人在聊到自己的事情時，說著說著就突然流下眼淚。

這是高敏感體質的人經常會有的情況，因為終於可以說出心裡話，**從緊張的感覺中得到釋放，所以才會流下眼淚**。這也跟微笑憂鬱的狀態不一樣。

高敏感體質的人心思細膩，對於各種刺激與變化都特別敏感，而且也善於察覺他人的情緒，非常在乎旁人的反應。

他們經常擔心「要是說了真話，別人會不會覺得我很奇怪」、「對於我要說的話能產生共鳴嗎」，所以到頭來，總是把真心話嚥回肚子裡。高敏感人因為經常壓抑著想要一吐為快的心情，所以在試圖說出自己的意見與想法時，往往會因為太過激動而流下眼淚來。有些高敏感人還會心想：「突然哭出來害對方這麼尷尬，真是抱歉。」結果又更是說不出心裡話了。不過，只要沒有身體不適，也沒有情緒低落與不安的症狀，就可以當作只是個人特質使然。

反過來說，感受力強的人若在看到或聽到感人肺腑的故事時，卻變得沒有任何感覺，就有可能是身心出了問題。

如果是以前看到悲慘的新聞並不會難過落淚，現在卻變得想哭，這種情況也需要擔心。

也就是說，無論是原本容易有反應的人不再有任何反應，還是原本不會有反應的人變得反應激烈，這兩種情況都需要注意。

能否辨別「不安」與「妄想」

另外，這類型的微笑憂鬱者在症狀加重後，有時候會出現妄想。

妄想源自不安，而所謂妄想指的是一種「無法修正」的狀態。

「無法修正」指的是，當有人指正自己的想法或發言時，大腦無法轉念思考。

例如有個人在煩惱自己沒有錢，就算出示存摺告訴他：「你看，戶頭裡還有很多錢嘛。」他還是會明明證據擺在眼前，卻無法改變自己的想法，仍然覺得自己沒有錢。

除了這種明明有錢卻覺得自己沒錢的貧窮妄想外，其他還有罪惡妄想（覺得自己做錯了什麼事情，正在接受懲罰），和疑病妄想（覺得自己得了重病，但其實並沒有）等等。

但是，倘若身邊的人都否定說：「這只是你的妄想吧？」「是你想太多了。」無論是誰，心裡肯定都會非常難過。因為對當事人來說，這些都是他實際擁有的感受。

要是有人一直以來都在為此煩惱、獨自努力對抗，說不定還會怒火中燒，覺得對方一點也不明白自己的心情。

只不過，如果有好幾個人都指正過自己的想法，就代表這是微笑憂鬱的症狀正在加重的訊號。先別管是事實還是自己的妄想，最好要考慮到也許是自己的情況變得更糟了。

雖然很少有微笑憂鬱者出現妄想的症狀，但為了防止自己的情況惡化，可以當作是一種知識預先了解。

在「必須奮戰的戰場」上的人的煩惱①

老是心浮氣躁

任何事情都先擺一邊

置身在「必須奮戰的戰場」上的人，一旦開始感到心浮氣躁，就很難按捺住自己的情緒。所以當你開始感到煩躁焦慮，最好的辦法就是**遠離會讓你產生壓力的對象或場所，設法一個人獨處**。

你或許會覺得這麼做不是理所當然嗎？但越是一板一眼的人，往往越會選擇留在現場硬撐，或是想要當下就解決問題。

但人在煩躁焦慮的時候，無法作出正常的判斷，還有可能做出不理智的行為。有時候只要間隔一點時間，問題就能慢慢迎刃而解。

當你心浮氣躁的時候，要想著「**現在先擺一邊**」，等著情緒過去。**冷靜下來以**

後，**再慢慢思考**。

比如家人的舉動讓你很不耐煩，這種時候可以走出家門，去散散步或是買買東西。又比如上午在職場發生了不愉快的事情，下午可以試著去咖啡廳或者共同工作空間工作（共同工作空間是指年齡、職業、所屬公司不一的人共享同樣的辦公空間）。

當該做的事情太多，感到焦慮不安的時候，如果找得到人幫忙，就把一部分的工作交託給對方吧。

除此之外，與其努力控制情緒，也可以參考左頁以及第七十一、七十五與七十八頁，**提升生活品質**同樣是不錯的方法。

提升生活品質，讓心靈更有餘裕

- **居家清潔服務 merry maids**

  服務內容包括代辦所有家事、整理收納、產前產後的家事與打掃等等。

- **Lenet**

  待在家裡就能將衣服送洗的宅配洗衣服務。透過官網與APP，就能申請到府收件。

- **共同工作空間搜尋網站**

  除了東京與大阪的主要區域外，還會介紹全國各地與國外共享空間的網站。

- **SHARE LOUNGE**

  具備辦公功能，環境卻與休息室一樣舒適的共享空間。還會免費提供食物，以及酒精飲料與無酒精飲料（請注意每間店舖的收費方式與服務內容並不相同）。

＊以上服務僅限日本當地，讀者可自行選擇最適合自己的便利服務與工具。

利用各式各樣的服務與工具，讓自己擁有更充裕的時間，以及更有餘裕的心靈吧。

另外，**養成定期活動身體的習慣**，也是抒發內心焦慮的方法之一。做些簡單的運動即可。

我現在也養成了在住家附近慢跑的習慣。

不擅長活動身體的人，也可以選擇**冥想、烹飪、打掃、閱讀或畫畫。能讓自己全神貫注其中的活動，都有助於穩定情緒**。

只不過再怎麼喜歡，飲酒與賭博還是不建議。

因為喝酒會降低思考能力，還讓人無法控制情緒；賭博帶來的亢奮也只會讓人更是煩躁焦慮。

請試著在平日的生活裡，找到能讓自己感覺舒適的空間，以及能讓心情輕鬆愉快的活動吧。

在「必須奮戰的戰場」上的人的煩惱②

獨處時會不由自主掉淚 那就大哭一場吧

身在「必須奮戰的戰場」上的人，有時若一個人忽然落單，明明不難過卻會掉下眼淚來。因為你無法跟任何人說自己好累，一直暗暗為自己加油打氣。

這種時候不需要壓抑自己。如果淚水湧上眼眶，別急著把它壓回去。

哭的時候，情緒起伏很大，各種痛苦糾結也會湧上心頭，但大哭過一場後，心情想必會暢快許多。

這是因為哭泣有一種效果，能讓處在壓力狀態下的大腦暫時重置（※4）。

淚腺受副交感神經控制，所以哭泣的時候，副交感神經會比較活絡。當副交感神經比較活躍時，人會處在放鬆的狀態。

而且越是大哭越有效，有助於減緩與消除心裡的混亂。

與他人比較的時候

身在「必須奮戰的戰場」上的人，有些會在**無意識間與他人作比較**。和看起來幸福快樂的人比較後，就會覺得自己的人生毫無價值，內心因此受挫，有時還會無法抑制地落淚。

這種時候，不需要否定也不需要肯定自己的狀態，**只要試著覺察到「我正在意著旁人的想法」、「我正在與旁人作比較」**就好。

這個方式類似於認知行為療法，也就是靠自己去改善因壓力而僵化的思維與行動。**意識到自己當下的行為，然後慢慢有能力可以控制情緒**。

但是，這個做法並不會在你嘗試過後的隔天開始，想法就立即改變，而是要不斷練習，慢慢矯正自己在思考時的壞習慣。

只要發現自己又在否定自己了，先別急著予以肯定或否定，試著覺察到「我正在否定自己」吧。

這世上並沒有凡事都能立即解決的魔法特效藥。

不需要著急，一步一步慢慢來。察覺到的次數多了，自然也就不會再否定自己。

在「必須奮戰的戰場」上的人的煩惱③

總是閒不下來

覺察到自己的焦慮

沒有特別的理由，心卻靜不下來，人也閒不下來。會有這種焦慮的感受，也是身在「必須奮戰的戰場」上的人的特徵之一。想必有許多人，都未曾察覺到自己正處在這種急躁的狀態中。

舉例來說，明明工作或家事都還有充足的時間能處理，卻不由得追求效率，想要同時完成兩件以上的事情。用太快的速度寫字，結果字跡潦草；明明並不著急，卻一收到電子郵件就回信。

你也有過上述這種情況嗎？彷彿被什麼追趕著般，急著想要完成某件事情？

首先，試著在日常生活當中，意識到「自己感到焦慮的瞬間」。因為必須先認知到自己的焦慮，才能著手改善。

一旦發現自己處在焦慮的狀態下，就要覺察到「我現在非常焦慮」，然後任何事情都放慢腳步去做。

先問問自己：「這件事有必要著急嗎？」「不急的話，那就慢慢來吧。」如此一來，應該能幫助自己放慢腳步。

或許也能泡杯咖啡或泡杯茶，暫時歇一口氣，讓自己放輕鬆。與其在急躁下採取行動，這樣更有助於集中精神，也能避免犯錯與引發糾紛吧。

避免情緒失控的技巧

這一章最後要介紹的，是自我反省日記。這種方法是藉由把自己的思考、想法與感受寫下來，好好整理自己的心情。英文「journal」有日記與日誌的意思。

有論文（※5）證實，寫日記有助於減輕壓力與憂鬱症的症狀，對於身心健康也有良好的影響。研究結果還顯示能夠提升免疫功能。

這項技巧的目的在於，找到自己情緒不穩的原因，讓心情能平靜下來。可以選擇使用自己喜歡的文具用品，在筆記本上慢慢書寫，也可以使用APP。只要是能讓自己心情輕鬆愉快的方法，就請試試看吧（也可以參考第一五三頁所列的工具）。

步驟

① 確定寫日記的時間

每天固定一個時間，書寫五到十五分鐘左右的日記吧。時間很短也沒關係。建議可以選在晚上的休息時間或是睡前，這些都是易於保持書寫習慣的時段。

② 寫日記時要全神貫注

書寫時回想當天發生的事情，再把自己的心情與感受寫下來，或是寫下在腦海裡浮現的想法，不需要著重在特定的主題上。

由於不會拿給任何人看，就不需要在意文法是否正確，有沒有錯字漏字，可以用自己的文字盡情書寫。如果不想寫文章，只想大量寫下像是「我好累」、「我好懶」的短句也沒問題。

自己。

③寫完後重看一遍

寫完以後，檢視自己寫了哪些內容吧。透過檢視，可以更加深入地了解自己。

寫好後，也能與之前的日記比對，觀察自己有沒有成長或變化；但如果當天已經沒有多餘的心力做這件事情，那麼不做也沒關係。

寫日記的關鍵在於持之以恆。藉由每天寫日記，可以慢慢釐清腦海裡的想法，也會有種內心得到整理安頓的感覺。而且花點時間好好面對自己，也能夠孕育出想要善待自己的心情吧。

用喜歡的工具，養成寫日記的習慣吧

BREATH DIARY 呼吸日記本（IROHA出版）

總計366頁的小日記本，讓人能夠每天輕鬆無負擔的書寫。柔和的色調是其魅力所在，有米色和紫色等。

Awarefy

依據認知行為療法所設計的自我照顧（Self-care）APP，記錄自己的情緒，就可以肉眼辨識自己的心理變化。

muute

這款應用程式能夠分析使用者的思考與情緒，並且給予回饋。

Minchale（みんチャレ）

在這個APP上能夠找到同樣想培養習慣的人，以五人為一組，在聊天室裡互相鼓勵，持續養成習慣。

持續的技術（継続する技術）

每天持續做同一件事情，幫助使用者養成習慣的APP。只要對著螢幕點一下，便能開始記錄。

＊以上工具適用日本當地，讀者可另行選擇最適合自己的寫日記工具。

第 5 章

開始無法隨心所欲動彈

～身心失調的城市～

身體無法隨心所欲動彈
在「身心失調的城市」
裡的人們

這一章將介紹微笑憂鬱四個世界裡的第四個，「身心失調的城市」，並說明這個世界裡的人們是怎樣的狀態。

如果以下的情況持續了超過兩週以上，代表你是微笑憂鬱中「身體無法隨心所欲動彈的類型」。

- 身體有查不出原因的病痛，而且經常感到不安與低落
- 原本擅長和喜歡的事情都沒有力氣去做
- 已經有一段時間都無法工作或處理家事

具體來說，會出現第一五九頁所列出的各種情況。

除了身體不適、感到低落與不安，還會有種身心分離的感覺。

那麼，這種情況可以如何及早察覺？重點有以下三個。

重點 1

早上起床後，身體會不會感到難以動彈？

這類型的微笑憂鬱者，有不少人都是從第二章身體有明顯不適的微笑憂鬱狀態（第五十七頁）繼續惡化，已經很長一段時間都覺得身體沉重。

尤其多數都在早上起床後到中午這段時間，感到痛苦難受，有些人還會覺得身體就像鉛塊一樣重。

這是因為一早醒來，大腦還未好好運作，本能會比理性更快反應，容易覺得「痛苦的事情就是痛苦」。

內因性的憂鬱症患者，大多表示他們早上特別難受。

然後到了下午，好像就會覺得輕鬆多了。之所以一到下午就感覺比較輕鬆，是因為理性開始運作，能夠用理性的力量來抑制難受的感覺吧。

「微笑憂鬱」中
無法隨心所欲動彈的類型，
會有以下這些情形

- □想要煮飯，但下班後回到家，卻怎麼也動不起來
- □想要整理房間，卻幾乎沒有進度
- □要拖拖拉拉一段時間才會去洗澡
- □不曉得自己想吃什麼
- □容易忘東忘西與犯錯
- □假日經常睡到下午
- □懶得思考衣服要怎麼搭配
- □化妝越來越隨便

但是，每個人覺得身體很重的時段都不一樣，所以無論是在何時，只要覺得身體有些沉重、無法隨心所欲動彈，最好請當作是微笑憂鬱的警訊。

重點2 「原本可以輕鬆做到的事情」是否難以達成？

原本在從事自己喜歡或擅長的活動時，並不會有消耗到能量的感覺，所以可以做得還算得心應手。

然而現在是明明想做，但真要動手的時候，身體深處卻像有顆重石壓住了自己。明明想去上班、上學，卻老是拖拖拉拉；想為孩子多做點什麼，卻常常力不從心。

這類型微笑憂鬱者的特徵，就是會有這種**身心無法同步的壓力**。

如果再有思考能力低下的情況，有時就連自己的興趣與擅長的事情，也會忘記要怎麼做。這種情況經常發生在工作與做家事上。

從前只要五分鐘、十分鐘就可以完成的事情，現在卻要花到一個小時。就像這樣，**不管做什麼事情都比以前要花時間**。

這類型的人會異口同聲的說：「我現在好煩躁、好痛苦。」「我什麼也做不了，覺得自己好無力。」這個階段是從「勉強打起精神來還能做到」的狀態繼續惡化，開始會影響到日常生活。

重點3 是否經常自責，與人疏遠？

這類型的微笑憂鬱者，思考能力與注意力都會大幅下降，完成工作的速度也變慢，或是沒有力氣打掃住家，最終演變成「該做的事情」堆積如山。

長期累積之下，**也會漸漸喪失自信**。

要是聽到別人對自己說「你再努力一點」，就會不由自主覺得自己很糟糕，然後心想「我怎麼連這種事情也做不好」、「都是我的錯」，結果更是獨自咬牙苦撐。

長此以往，身體會越來越不聽使喚。

「你沒事吧？」「最好休息一下。」

即便擔心自己的人這麼關心，本人也會以為是自己太過沒有幹勁，無法坦然接受身邊人們的建言。

當中或許還有人會因為自己被當成病人對待，因此受到打擊，或是更加自責。有時候也會因此與身邊的人保持距離，讓自己更是孤立。

到了這個階段，說不定已經沒有心力再擠出笑容。

甚至可能演變成偏重度的中度憂鬱症或適應障礙症，視情況而定，有些人還會需要住院。在微笑憂鬱當中，這是最嚴重的程度。

而無法隨心所欲動彈的微笑憂鬱者最可怕的一點是，明明本人覺得非常痛苦，這卻是導致自己喪失信心的主要原因，所以反而更加自責，也容易讓情況更加惡化。

然而，做不到是生病的關係，並不是自己的錯。請不要忘記這一點。

在累積足夠的能量之前，就連簡單的小事也做不好是人之常情。忙碌的每一天，要完成那麼多的事情不僅需要體力與思考能力，也需要判斷力。即使是在健康的狀態下，要全部處理妥當也不容易。

等你重新累積好能量，就會回到凡事都能順利完成的狀態。所以，只要覺得自己的情況不太對勁，就請想想要如何對自己好一點吧。

「健康狀態下卻做不好」與「因為微笑憂鬱而做不好」的差異

每一個人無論是在職場上、家庭內或在學校裡，應該都有過「成果不如預期」的經驗。但如果當下你正處於以下這幾種狀態，或許可以懷疑是微笑憂鬱的關係。

- **有技術卻做不好**
- **有時間卻做不好**
- **萬事俱備卻做不好**

「做不好」這件事情，其實也有各式各樣的原因。同樣是做不好，但有的人是明明身體健康，卻因為技術、時間或環境有所不足而做不好，有的人則是「因為生病所以做不好」，這兩者有很大的區別。

「欠缺技術做不好」，是因為面對經驗不足或不擅長的事情，自己並不具有足夠的技術才會發生。問題可能出在本人的能力；如果地點是在職場或學校，問題也可能是出在環境、上司、下屬或教育者身上。

「沒有時間做不好」，通常是因為該做的事情變多了，卻還是得靠自己獨力完成。不僅對心理也對生理造成了負擔，最終無法如期完成。但只要向配偶、上司或下屬尋求幫助，就有辦法改善現況。

相較之下，「因為生病所以做不好」，是一件事情自己已經做過無數遍了，也有充分的技術、時間與環境，卻因為身心欲振乏力而做不到。

不過，也有的時候是雖然有技術，卻因為時間不夠充分而產生壓力，所以事情做不好；有的時候則是因為技術不足，導致一連串的問題後，在壓力下事情做不好。

關鍵在於，要懷疑「自己做不好的原因可能不止一個」。只要逐一解決問題所在，讓身心恢復遊刃有餘，就能夠脫離一味自責、無法動彈的狀態。

在「身心失調的城市」裡的人的煩惱①

獨處時什麼事也不想做
將「該做的事情」減半

在「身心失調的城市」裡的人，經常會有獨處時什麼事也不想做的情況。

這代表你的能量已經耗盡，便不需要勉強自己打起精神來。健康狀態下假設能量值是十，那麼當你待在身心失調的城市裡時，能量值會只有五以下。

這種時候，**該做的事情也得減半才行**。

如同第一六九頁，假設該做的事情共有十件，那麼請排出優先順序，然後只做**前五項**。

請以自己的標準來決定「這件事情不做應該也沒什麼關係」、「這件事情可以暫時偷懶一下」，來**減少自己的待辦事項**。狀況不好時，就算只能完成三件事也非常足夠了。那麼狀況良好的時候，就請多做一件事情。

對於凡事要按部就班的人來說，或許無法容忍有事情丟著不做，但身體狀況不好時，妥協是必要的。請容許自己放慢腳步。

活力不應該是硬擠出來，而是要自然而然湧現。**等著它自己湧現而出**，這才是正確的應對方法。

調整每日的「待辦事項」

① 將一天的待辦事項分成十件事

- 煮早餐
- 做便當
- 前往職場
- 工作
- 買食材
- 煮晚餐
- 洗衣服
- 燙衣服
- 洗澡
- 整理房間

② 將待辦事項限制在五件事以下

（很累的時候限制在三件事以下）

- 煮早餐
- 前往職場
- 工作
- 洗澡
- 洗衣服

想要更輕鬆的方法嗎？→參考第171頁

在「身心失調的城市」裡的人的煩惱②

該做的事情無法快速且大量完成

利用慢一點還是能完成的技巧

身心失調時，思考能力會下降，不管做什麼都比平常要花時間。

話雖如此，如果做事情的時候都要預留多一點的時間，這也是一種壓力吧。

這種時候，就不必執著於每件事都要做得盡善盡美，可以像左頁那樣放慢腳步，**慢一點也沒關係，以「做得到某件事情就好」為目標**（但如果你已經處在這個狀態，請不要勉強自己，務必前往醫院看診）。

前面在第七十七頁與第一四三頁也列出了一些能提升生活品質的方法，可以善加利用。

試著減輕自己的負擔吧

- 前往職場→**增加居家辦公的天數**
- 工作→**只處理三件重要的事情**
- 洗澡→**改成淋浴，使用有潤髮效果的洗髮精**
- 洗衣服→**減少成三天洗一次**
- 煮早餐→**早餐改吃麵包**
- 做便當→**午餐外食**
- 買食材→**在線上超市統一購買**
- 煮晚餐→**大量購買冷凍白飯，只煮配菜**
- 燙衣服→**統一送洗、購買不用熨燙的衣物**
- 整理房間→**只丟寶特瓶**

「我已經很努力工作了，房間亂一點沒關係」
「我已經洗衣服了，可以不用再自己煮飯」
允許自己偷懶一下，擇一減輕負擔吧！

做家事的時候，可以使用洗碗機節省時間，去做點自己想做的事情。利用這些能夠節省時間的工具，跳過討厭的勞動，集中心神在自己喜歡的事物上。就像這樣在身心恢復之前，利用所有可用的工具，讓自己擁有更充裕的時間吧。

工作上，則是可以改變上班的模式、使用自動化工具，或是把工作交託給他人，讓自己能在工作時集中精神。

另外，光是避開尖峰時間，晚一點再出門上班，也可以減輕壓力。如果一週能有一半的時間改成居家辦公或是減少工作量，應該也能大幅減輕負擔。

有沒有什麼事情是你日常生活在做，但也覺得要是能少掉這件事情，就會輕鬆許多呢？不如趁這機會下定決心，換個方式來處理吧。

在「身心失調的城市」裡的人的煩惱③

厭惡自己只會做同樣的事情
「想做的事情」儘管持續

處在「身心失調的城市」裡的人們，會因為重複在做同樣的事情，對於停滯不前的自己產生厭惡。

會重複做同樣的事情，就代表你累了。

人身心俱疲的時候，思考能力與判斷力都會下降。但是，要做一件新的事情時，既需要思考能力也需要判斷力。所以大腦是藉由重複相同的行為，避免帶來負擔。

但是，如果那是你「想做」而在做的事情，那麼一再重複也沒關係。

既然會讓你想要反覆去做，代表這件事「你喜歡到了想要不斷重複」（至少不討厭或覺得棘手吧）。也就是說，你或許是藉由做這件事情，讓身心達到安定。

「制式化」之後，讓不擅長的事情變輕鬆

如果一件事情會給自己帶來壓力，那麼將其制式化後，不再需要動腦思考，會有助於減輕身心的疲勞。

比如說，**晚餐有一道菜每天都煮一樣的東西、服裝做固定的搭配、報告用的郵件先寫好一份範本**等等。不用每天都重新思考事情要怎麼做，其實會讓人非常輕鬆。

好比已故的蘋果公司創辦人史蒂夫・賈伯斯、Meta（原 Facebook）創辦人馬克・祖克柏，據說他們每天都穿一樣的服裝。想必是藉由減少日常生活中該做的各種小決定，節省能量的消耗，進而活用在公司經營的重要決策上吧。

順帶一提，當我疲勞累積過多的時候，就會選擇待在家裡，悠閒放鬆地看動作片。因為可以沉浸在單純的故事當中，不需要用腦思考，有助於轉換心情。疲憊時，

我絕對看不了富有深意的劇情片。

總有一天，你一定能夠挑戰新的事物，所以疲憊的時候，千萬不要勉強自己。

只不過，倘若反覆在做的事情是你「並不想做卻忍不住去做」，或是有害健康、攸關性命安全的，那就要讓自己慢慢戒掉。

在「身心失調的城市」裡的人的煩惱④

「該做的事情」多到忘記
善用管理工作的應用程式

這種時候，請先與身邊的人商量，重新規劃工作的進度安排、減少家事帶來的負擔。

除此之外，也可以像左頁那樣**使用APP或電子產品進行管理**。我也經常使用Reminder應用程式來管理自己的工作，非常有幫助。

雖然列成清單要花點時間，但為了完成該做的事情，這是必要的第一步。如果可以一一完成待辦事項，也會產生微小的成就感，幫助自己恢復信心。

管理工作與備忘錄的應用程式推薦

TickTick

工作管理應用程式。附有日曆功能，用電腦與手機都能登入。

Google Keep

用以記錄文章、照片與音檔的記事應用程式，用電腦與手機都能登入。

Notion

包含工作清單、記事本與資料庫等等，整合了多種功能的應用程式，用電腦與手機都能登入。有日語版本。

TimeTree

家人、情侶或團隊成員可以一同訂定計畫、書寫筆記的應用程式。

＊以上應用程式適用於日本當地，讀者可另行選擇最適合自己的應用程式。

如果同一天有很多事情要做，就從擅長的事情或想做的事情開始吧。

常有人說，考試要從會寫的題目開始作答。因為一旦在不知道答案的題目上卡關，時間就會不停流逝，一直到考試都結束了。先解決知道答案的題目，再回到答不出來的題目上，有時反而能想出答案。

從知道答案的題目開始，大腦才會順暢運作、變得靈光。同樣的情況，也能套用在工作與家事上。

重點在於保留餘力，走得更長久

做事一絲不苟、責任心強或有完美主義的人，假使有一百分的力氣，做事時若不使出一百分的力量，或許就會覺得自己偷工減料。

但與其對眼前的事物付出一百分的力氣，不如減少到六十至七十分左右，那麼剩下的三十至四十分，就能用來應付突發狀況。

請試著觀察工作上能力優秀的上司與前輩吧。

只要仔細觀察，應該可以發現他們並不是每一項工作都全力以赴。工作能力優秀的人，只有絕對不能錯失、想要一決勝負的項目，才會投入一百分的力氣；除此之外的事情諸如交給助理，都會保留餘力，讓工作做得更長久。請向他們這種懂得適度放手的態度看齊。

不過，在身心恢復平衡之前，只要一天能成功做到一件待辦事項，就值得好好表揚自己。

就像發燒或骨折的時候，一般都會安靜休養，什麼也不做吧。當你有微笑憂鬱的時候，請抱持一樣的想法。光是可以完成一件事情，就很了不起了。

讓身心恢復平衡的技巧

為了處在「身心失調的城市」裡的人們，我推薦的是「正念冥想」。

正念（Mindfulness）是一種心理狀態，讓自己的內心專注於「當下」。

近年來，冥想已是一種廣為人知的方法，有助於提升注意力與工作效率，現在更是發現能有效減緩不安，改善憂鬱症的症狀（※6）。

我們雖然活在當下，卻經常沒有將注意力放在當下的事物上，往往過於在意過去與未來，總想著「要是那時候這麼做就好了」、「要是以後發生這種事情怎麼辦」。

透過冥想，能讓沒有達到和諧一致的身心，恢復到原有的狀態。

步驟

①坐下或是躺下，然後閉上眼睛

躺下來或坐在有靠背的椅子上，閉上眼睛。不管採取何種姿勢，都請挺直背部，確保呼吸順暢。

②專注在呼吸上

用鼻子吸氣，再用鼻子吐氣，吐氣的時間要比吸氣稍長。然後一邊觀察自己的呼吸，一邊去感受呼吸的節奏，以及空氣進入與離開身體的感覺。

③分心時重新感受呼吸的節奏

過程中，容易出現注意力突然分散，不小心產生雜念的情況。當冒出其他思緒與情感時，不需要去評斷那些感覺是好是壞，只要接受就好，加以觀察，再重新感受呼吸的節奏。每當分心，都要重新專注在呼吸上。

④專注在身體的感覺上

反覆呼吸的同時，也把注意力放在自己身體的感覺上。腳底與掌心是否冰涼、肩頸的僵硬程度如何、牙關是否正用力咬緊等等，去感受身體各個部位當天的狀態。

⑤持續五分鐘的時間，觀察自己的思緒與情感

冥想即使只有五分鐘也會有效果。隨著次數增加，相信自然而然可以拉長時間，所以請在容易養成習慣的時段持續進行冥想吧。

可以搭配使用第一八三頁所介紹的冥想ＡＰＰ，用自己便於實踐的方法來進行冥想。

冥想APP推薦

Coral

搭配日常生活中的各種情境，讓人得到整頓心靈的體驗。

睡眠瑜伽®簡單冥想（寝たまんまヨガ®簡単瞑想）

幫助使用者在睡眠期間進行瑜伽與冥想。

Meditopia

協助使用者將正念冥想養成習慣。

Onsen*

有醫師監修指導的沐浴APP，透過沐浴帶來冥想的體驗。應用程式會針對使用者的煩惱提供不同的沐浴方法，像是有聲書朗讀、計時器與療癒性的背景音樂等。

說不定……

其實有可能是失智症

得到憂鬱症以後，思考能力會下降，容易忘記事情或是不小心犯錯，動作也會變得遲緩，**有時候甚至會與失智症混淆**。

這種難以區分是憂鬱症還是失智症的狀態，稱之為「**憂鬱性假性失智症**」，不光是住在一起的家人，就連醫師也很難辨別。

失智症初期，有很高的機率會出現憂鬱症的症狀，所以無法輕易區分，尤其高齡憂鬱症患者的症狀更是難以辨別。

失智症有阿茲海默型失智症、血管型失智症、路易氏體失智症等多種類型，共通點在於是腦細胞的退化使得腦內的神經傳導物質分泌失調，導致認知功能（理解能力、記憶力、注意力等相關能力）下降。

認知能力下降後，會變得容易忘東忘西，做事情也比以前要花時間，還會變得暴躁易怒。這些都與憂鬱症所引起的症狀十分相似。

憂鬱症雖然難以查清發病的根本原因，但同樣是腦內神經傳導物質的分泌失調所引起。差別在於原因是否明確，但大腦內發生的情況，與失智症是一樣的。

憂鬱症的惡化速度較快

儘管憂鬱症與失智症必須經過檢查才能辨別，但**症狀的惡化速度差異**，是辨別這兩者的一大基準。

憂鬱症惡化的速度**以月為單位**，通常在一、兩個月後就有明顯的不同；對比之下失智症是**以年為單位**，會以半年到一年的速度緩慢惡化。

上了年紀以後，體力與身體機能都會下降，走路與梳洗等小事會變得比以前要花時間，做不到的事情也越來越多。要是聽到有人說自己哪裡做得不好，甚至還會喪失自信。

內心懷有強烈的沮喪與不安、晚上睡不著覺、沒有食慾、從前的興趣無法再投入其中，這些情況有可能是憂鬱症，也有可能是失智症。

實際上，我也遇過難以分清是憂鬱症還是失智症的高齡患者。那位女性八十多歲，一個人獨自生活，腰腿都還很有力，動作也很靈活，對話時表達清晰。

然而，她卻鎮日感到惶惶不安，表示自己「獨自一人待在家的時候，心裡就會非常不安」。

起先只是定期到醫院接受治療，但後來家人找我商量，說希望能讓患者住院觀察。因為那位女性開始變得健忘，還會忘記關火，難以維持正常生活。

最後我安排那位女性住院，但住進醫院以後，她的症狀便穩定下來，不再吐露不安。大概是因為待在醫院裡頭，身邊有醫護人員，還會照顧自己，若有什麼情況也能請醫師過來檢查，所以讓她感到非常安心吧。

患者的家人本來懷疑她可能得了失智症，但在經過MRI等一系列的精密檢查後，並未發現腦部有萎縮的現象，而且在持續接受抗憂鬱藥物的治療後，症狀有明顯的改善。因此，這位患者得到的並不是失智症，而是憂鬱症。

雖然大眾的既定印象，都是老年人才會得到失智症，但其實未滿六十五歲，在十八到六十四歲之間發病的「**年輕型失智症**」患者，聽說全國也有將近三萬七千八百人（※7）。

只要發現自己的身體狀況不太對勁，請一定要確實做檢查，查明原因。

第 6 章

累積能量，離開「憂鬱島」吧！

脫離方法 1

勇敢懷疑

微笑憂鬱這種狀態，會讓人察覺不到自己的不適，也說不出口自己其實很累。不知不覺間，便迷失在得戴著「微笑面具」的世界裡，無法隨心所欲動彈。

想要離開這個世界，並且不再誤闖進來，必須平常就**仔細觀察自己的內心與身體變化，也要了解自己身處的環境**。

最後一章，要來介紹如何及早發現身心失調，以及可以如何照顧好自己，並且從根本解決微笑憂鬱。

首先，擺脫微笑憂鬱的第一步，就是**接受自己身心失調的事實**。

得到微笑憂鬱的人可以分成兩種，一種是狀態的惡化十分緩慢，因此毫無所覺；一種是雖然意識到自己的狀態不好，但並不想承認。

其實，無論是哪一種疾病都可以套用這種情況，也就是越早接受自己身心狀態不好的人，越能夠早期發現自己的疾病並加以改善。

來醫院看診的病患，只要是意識到自己生病了，治療起來也比較容易有成果。這樣的人稱之為「有病識感」。

所謂病識感，就是患者能夠明確地意識到「自己生病了」。有病識感的人會比較積極接受治療，也會有「想要治好」的念頭。

沒有病識感的人，很難為其進行治療，而且還會在接受治療的途中突然消失。明明狀態不好，越是強裝自己沒有問題，還嘴硬說「我很好、會繼續加油」的人，越是很難及早發現自己的病症，並且容易惡化。

此外，與病識感相似的感覺中，還有所謂「病感」一詞。病感指的是「雖然沒有明確意識到自己生病了，但懷疑有這個可能」，是感知到自己可能生病了的狀態。正在閱讀本書的讀者，可以說都是有病感的狀態吧。

光是有病感，就有助於發現病症並進行治療。

如果你發現自己以前做得到的事情，現在卻做不好，並為此感到痛苦的話，**請勇敢向自己提出懷疑**：「我是不是得到微笑憂鬱了？」這正是我們醫療人員的心願。

無論是怎樣的煩惱，有身心不適的情況請找人商量

雖然懷疑自己可能生病了，卻遲遲無法前往精神科或身心醫學科就診，這也是微笑憂鬱者常有的煩惱。

那麼，有身心不適的情況，因此去看精神科或身心醫學科的人，實際上究竟對醫師說了什麼呢？

患者的主訴（最煩惱或最想訴說的事情）中，最多的是關於以下幾點：

- 與職場上司、家人或另一半的關係出了問題
- 覺得自己不適合現在的工作，工作量多到覺得很累等等
- 有失眠、食慾不振等情況，或是覺得身體很重，做什麼都提不起勁

● 身邊沒有人可以商量，或是找了人商量後卻不被理解，因此感到煩惱

內容就是如此五花八門。當中有的人還會吐露一些不光是對上司或朋友，就連對家人也說不出口的煩惱。

有許多案例都是自己看來微不足道的事情，但看在醫師眼裡，卻只會覺得「你一定很不容易吧」、「要是能早點來傾吐就好了」。

疲憊倦怠的時候，請抱著「我說不定是生病了」的認知，盡快找人商量自己的煩惱吧。

嗚……
嗚……
你一定很不容易吧。

脫離方法 2

了解自己 累積能量的方式

我經常將憂鬱症比喻為「水溢出杯子的瞬間」。

滴進杯子裡的每一滴水，都是日常生活中的壓力與疲勞，每一滴的影響力都不大。

但是，隨著水位慢慢上升，水盈滿杯子，表面張力會使得水面不停晃動，沒過多久便滿溢而出。

也就是說，即使沒有重要的人或者寵物過世這種大事，日積月累的壓力與疲勞，也會讓身心失去平衡。

而且杯子其實還分很多種，有「煩躁的杯子」、「激動的杯子」等這種累積負面能量的杯子，也有累積正面能量的「快樂的杯子」，大小同樣因人而異。

不需要因為自己的杯子不大，就受到打擊。

重點在於，平常就要想像自己心裡杯子的大小，以及當下杯子裡的水量（能量）。因為若不曉得杯子的大小與水量，就無法自行調節，總有一天水會滿溢而出。

你心中「煩躁的杯子」有多大？

每一個人其實都沒有自以為的了解自己。

所以，試著從平常就開始練習，掌握到自己情緒起伏的瞬間吧。情緒會有劇烈的起伏，通常是在感受到壓力或感受到喜悅的時候。

日常生活中感到煩躁的瞬間，都會轉化成自己的壓力。會讓自己產生壓力的情況越多，杯子裡累積的負面能量（水）也越多。

第一九九頁列出了幾種每個人都會感到心浮氣躁的情境，來看看你對每種情境的煩躁程度有多少吧。你心中「煩躁的杯子」有多大呢？

了解自己「煩躁的杯子」的大小

在以下幾種情境中，你的煩躁程度為幾 %？數值偏高的情境越多，代表你心中「煩躁的杯子」偏小；數值偏低的情境越多，代表杯子偏大。

100% 表示「你會想要反駁對方、找其他人遷怒」；0% 表示「你根本不放在心上，隔天就忘記了」。

情境	煩躁程度
睡覺的時候，想睡卻睡不著覺	〔　　　〕%
在載滿人的電車裡被擠得東倒西歪	〔　　　〕%
不得不與自己不擅應對的人長時間交談	〔　　　〕%
跟另一半或跟孩子吵架，導致家裡氣氛很僵	〔　　　〕%
被迫聽朋友或前輩的抱怨或自誇	〔　　　〕%
替下屬或同事犯的錯擦屁股	〔　　　〕%

你心中「激動的杯子」有多大？

除了感到煩躁的瞬間外，**感到緊張與遲疑的瞬間**，也會為自己帶來壓力。

之所以感到遲疑，是因為當下面對的事情超出了自己預期，或者是不擅長應對。這也是累積負面能量（水）的主要原因之一。

第二〇一頁列出了幾種每個人都會心生遲疑的情境，來看看你在面對哪一種情境會裹足不前吧。

趁著這個機會，說不定還能發現自己一直以來都沒有察覺的，其實並不擅長應對的事情。你心中「激動的杯子」有多大呢？

了解自己「激動的杯子」的大小

在以下幾種情境中，你的反應是A還是B？如果答案A比較多，代表你心中「激動的杯子」偏大；如果B比較多，代表杯子偏小。

情境	激動程度			
工作與家事都有很多該做的事情		A更是產生衝勁		B覺得有壓力
有人徵詢你的意見		A可以馬上回答		B會支吾其詞
聽到別人說「隨你怎麼做」		A心裡會很開心		B只會躊躇不前
犯錯的時候		A可以馬上轉換心情		B心裡一直覺得很糟
拜託別人事情的時候		A會覺得「太好了」、「幸好有人幫忙」		B覺得給人添麻煩，心裡很過意不去
在察言觀色這件事情上		A還算擅長		B並不擅長
出問題的時候		A覺得問題並不在於自己，而是對方的錯或職場環境問題，所以不會慌了手腳		B會覺得可能是自己做錯了什麼，內心忐忑難安
有些發燒或有輕微頭痛、腹痛的時候		A不吃藥也能照常做事		B覺得應該吃藥，直到身體恢復健康

你心中「快樂的杯子」有多大？

現在，要來確認你心中「快樂的杯子」有多大。而快樂的杯子，反映出了你對**目前的生活與人生有多麼滿意**。請參考第二〇三頁來確認大小吧。

這個杯子與煩躁的杯子以及激動的杯子不同，**水反而是越多越好**。杯子裡的水，等同是構成你行動力的**正面能量**。而這個杯子無關大小，**只要不持續注水，杯子裡的水就會不停蒸發**。

如果你對自己現在的生活很滿意，杯子裡便會盈滿水；但如果對現在的生活並不滿意，杯子裡的水就會不停蒸發，直到空空如也。

了解自己「快樂的杯子」的大小

在以下幾種情境中，你的反應是 A 還是 B？如果答案 A 比較多，代表你心中「快樂的杯子」偏大；如果 B 比較多，代表杯子偏小。

情境	快樂程度			
對於自己在公司與家庭內的評價		A 滿意		B 不滿意
會在意他人的眼光與世俗看法，壓抑著不去做想做的事情		A 不會		B 會
對於自己		A 經常稱讚自己，覺得自己很努力		B 經常責怪自己，覺得自己還不夠努力
在社群媒體上看到別人好像過得很幸福		A 會沮喪和焦慮		B 看得很開，覺得他是他，我是我
自己屬於以下哪一種？		A 喜歡照顧別人		B 喜歡被人照顧
有人依賴自己時		A 會很開心		B 覺得有負擔

無論杯子是大是小，重點都在於要盈滿正面的能量！

每一天，都請確認這三個杯子裡水量有多少。

面對壓力與疲勞，承受度越高的人，「煩躁的杯子」與「激動的杯子」就會越大，承受度越低的人則是越小。

但杯子再大，倘若足以造成打擊的事情接踵而來，杯子裡的水依然會滿溢而出；反之杯子再小，只要辛勤的犒賞自己，水便不會滿溢而出。

當你覺得水位變高的時候，可以善用第二到第五章所介紹的技巧，慢慢減少水量。平常也要想好有什麼方法能夠避免感到緊張與壓力，這點同樣重要。

如果覺得「快樂的杯子」裡水量不多，也可以參考從第二〇六頁開始介紹的方法，不斷補充能量。

除此之外，可以把自己會感到疲憊和有壓力的事情，或在發現自己有什麼特定的習慣時，記錄下來。

花上一生的時間，製作專屬於你的「使用說明書」吧。

脫離方法 3

累積能量

有微笑憂鬱的人，都處在慢性能量不足的狀態。至於正確的應對方法，首先要增加休養的時間，恢復能量。

那麼，所謂「休養」是指什麼意思呢？

第一是單純的「休息」。消除因為工作與家事等日常勞動所帶來的身心疲勞，讓自己回到原本的狀態。

第二是「調養」。調養就是整頓好平常的生活，提高自己在肉體上、精神上、社會上的能力，充實人生。

這一章將介紹三種自我照顧的方法，幫助各位提升以上這兩件事情。

數位排毒：打好日常生活的基礎

首先請各位進行數位排毒。也就是選擇一段時間，遠離你的智慧型手機與電腦等數位裝置。

數位裝置會打亂生活作息，使人感到倦怠、煩躁與不安，引發睡眠障礙，是導致心理健康出問題的主要原因之一。

得到微笑憂鬱的時候，就從這個習慣開始改變吧。

數位排毒能夠有效幫我們打好日常生活的基礎，比如減輕壓力、提升注意力、改善人際關係與睡眠等等。

首先一天當中，定好一段時間都不使用智慧型手機與其他數位裝置。一開始只有十五分鐘、三十分鐘也無妨，請配合自己的生活作息設定時間。

前些日子為了更換電池，我曾有一個小時的時間把智慧型手機交給維修業者。剛交出去時，本來還有些心神不寧，但沒過多久心情便平靜下來，一個小時後反而覺得神清氣爽！親身體驗過後，相信各位就能明白效果有多麼巨大。

數位排毒期間能做哪些事情

- 去住家附近的觀光景點走走
- 去平常不會經過的地方騎腳踏車
- 帶著底片相機去拍附近公園的綠色植物
- 烤餅乾或是做香料咖哩
- 到安靜的咖啡廳或圖書館看書
- 洗個人三溫暖或酵素浴促進排汗
- 在陽臺栽種植物
- 居家露營
- 用專業器具醃漬食物
- 餐後去吃一份宵夜聖代

不滑手機改養魚APP（スマホをやめれば魚が育つ）

這個應用程式能夠防止人們過度依賴手機。在使用者設定好的時間裡，只有既定的APP會繼續運作，讓人可以專心在做事或讀書上。只要成功達到設定的時間，就能回收蒐集到的獎勵，讓魚兒越長越大。

數位排毒結束之後，

回想一下自己有什麼感受吧！

（覺得放鬆、發現原來自己有煩惱等等）

或許也有人覺得：「我不滑手機的話要幹嘛？」

這樣的人請參考第二〇九頁，試著不碰數位裝置，把時間完完整整花在自己身上。

重要的是，**不勉強自己，能從中感受到樂趣**。

進行數位排毒後若能感到放鬆的話，不管是每天也好，還是一週一次也好，請以自己能感到輕鬆愉快的頻率持續進行。覺得有點累的時候就不要勉強，在感覺有辦法做到時，再縮短時間繼續嘗試。

只要持續進行，就能慢慢恢復到原有的日常生活。

養成巧克力正念飲食的習慣：緩解不安

得到微笑憂鬱以後，很容易為了一點小事就感到不安，心情平靜不下來吧。

這種時候，**請試著將黑巧克力（可可含量70%以上）含在嘴裡，觀察自己情緒的**

變化。

關鍵在於不能觸碰智慧型手機和電腦，也要減少身邊的雜音與在意的事物，只專注在飲食這項行為上。

據說黑巧克力能夠提升大腦的腦內啡濃度，使人心情愉快。腦內啡還被稱作是「幸福荷爾蒙」，已知能夠有效減輕壓力、改善心情。

此外，黑巧克力本身不僅有減輕壓力的效果，透過感受巧克力的重量與形狀、品味香氣，在觀察自己情緒的變化後，也有助於緩解壓力、心情恢復穩定。

巧克力還有添加覆盆子、增添酸味的口味，也有加了杏仁增添爽脆口感的口味。

而且產地不同，在酸味、苦味、香氣與風味等的表現上也都各有特色（個人最偏好迦納出產的巧克力）。尋找自己最喜歡、最能放鬆下來的巧克力，也是一種樂趣。希望大家能找到自己喜歡的巧克力，實際感受到這有助於穩定心神，那就再好不過了。

另外有個不錯的辦法，就是把巧克力放進熱牛奶中，泡成巧克力牛奶。已知熱牛奶有助於緩和緊張與煩躁，也能有效緩解壓力。

有時精神科醫師會建議患者，在感到不安或心神不寧的時候，再服用藥物即可。儘管當然不能取代藥物，但在你感到不安之際，可以當作是一種「護身符」，試著吃吃看黑巧克力吧。

雖說黑巧克力的咖啡因含量比牛奶巧克力要高，但只吃一口的話，不必擔心會對心理層面帶來負面影響。

巧克力正念飲食的步驟

所需物品

可可含量70%以上的黑巧克力（一口大小最為恰當）

進行時機

感到不安、心神不寧，或注意力無法集中的時候

①找個可以集中心神的地方

遠離智慧型手機與其他數位裝置，再看是要減少身邊的雜音和在意的事物，還是移動到安靜的場所，待在靜謐的空間裡。

②用手感受巧克力的重量與形狀

拿著巧克力，閉上眼睛，感受巧克力的重量、形狀與質地。

③感受巧克力的香氣

將巧克力拿到鼻尖前方，慢慢品味它的香氣。

④品嘗巧克力

將巧克力含在口中，使其慢慢融化。然後仔細品嘗巧克力的滋味，感受甘苦與其他香氣，並在舌尖上感受巧克力的變化。

⑤把注意力拉回到自己的情緒上，加以觀察

巧克力在舌頭上徹底融化後，就把注意力放到自己當下的情緒上，仔細觀察變化。

但就算是黑巧克力，食用過多也會使血糖上升，所以一天最多兩到三次為佳。

感謝的習慣：培養正面情緒

得到微笑憂鬱以後，也會變得很少能感受到喜悅吧。

所以一天結束之際，當你終於放鬆下來，或者準備要睡覺的時候，請試著做一項練習。就是**回想當天發生的事情中，有哪三件事情曾讓你心生感謝，感受到微小的幸福或喜悅**。

據說感謝這種情緒有益於心理健康。

只是微不足道的小事也沒關係，請參考第二一五頁，回想一下你曾感受到哪些微小的喜悅與快樂吧。

另外，也可以思考看看你**為何會心生感謝**。

發掘值得感謝的瞬間

①工作上發生的事

- 準時完成工作
- 在職場上沒有得到負面的評價
- 會議順利結束
- 在會議上成功說出自己的意見
- 能在職場上與自己不擅應對的人聊天

②家裡發生的事

- 家人對自己說了很溫暖的話
- 另一半幫忙準備飯菜
- 成功讓小孩子自己完成學校的作業
- 與家人一起開心歡笑

③學校發生的事

- 幫助朋友後得到感謝
- 今天比上一次更理解上課的內容
- 得到老師的稱讚
- 考試的成績比上一次好

④身體健康方面

- 早上起床時覺得自己充滿能量
- 感覺身體比平常還要輕盈
- 成功做完一組運動
- 稍微比平常早起
- 早上曬到陽光後，覺得心情很好

⑤興趣方面

- 成功有了自己的時間
- 悠哉地觀賞了喜歡的電影或電視劇
- 聽了音樂感覺很放鬆
- 買到很想看的書

長期持續這樣的練習後，相信內心自然而然就會湧現正面的情緒。

還有多餘心力的人，可以把感謝的事情寫在筆記本上，或是打在智慧型手機的記事ＡＰＰ裡（請參考第一五三頁的工具）。

個人推薦的，是像「Rocketbook」這樣的雲端筆記本。

這種筆記本的優點在於，用濕布就可以擦掉文字，所以能夠反覆書寫與清除。而且在筆記本上書寫後，只要用專屬的ＡＰＰ拍照，照片就會儲存至雲端空間，之後隨時都能觀看。

利用這樣的工具，每天在定好的時間書寫，並且養成習慣。

習慣以後，再找時間回顧自己的紀錄吧。

透過檢視紀錄，可以實際感受到原來有那麼多事情值得自己感謝；持續的記錄也會讓自己產生成就感，帶來更多正面的情緒。

就像這樣在心裡去回顧自己做的每一件事情，然後這些感受，將成為支撐你日常生活的重要能量。

脫離方法 4

說出想要解決的事情

迷失在微笑憂鬱世界裡的人，很多雖然懷有煩惱，卻因為覺得「反正沒有人能了解我」、「不想讓人擔心」，所以選擇不與人商量。

或許還會心想「反正就算商量了，症狀也不會變好」、「情況不會改變」。但是，絕對沒有這一回事。

藉由化作言語，**能讓你的心情變輕鬆，還能藉此機會發現到自己未曾察覺的想法。**

為了擺脫微笑憂鬱，請試著慢慢**練習將想法化作言語**。

將煩惱與不安化作言語、表達出來的行為，稱之為「**言語化**」。言語化能帶來以下三個好處。

① 對自己的情緒有正確認知

將情感化作言語後，就能清楚的認知到那是怎樣的情緒，加深對自己的了解。

即使遇到了會讓情緒產生起伏的事情，也能在混亂的狀態下保持理智，然後仔細觀察、加以接受，進而控制自己的情緒。

②不再被情緒左右

將情感化作言語後，那就不再是「自己的一部分」，反而能從比較客觀的角度當成是一種「對象」來看待。也就是不會被情緒左右，能夠保持距離。

③順利與他人共有情緒

將自己的情感化作言語、傳達給他人時，就能得到對方的理解、共鳴與支持。從而產生人際關係上的連結，降低孤獨感，比較不容易感到痛苦。

話雖如此，得到微笑憂鬱以後，熱情與思考能力都會下降，所以也會無法好好表達自己想說的話；或是想說的事情太多，無法有條理的訴說。

那麼究竟該怎麼做，才能順利將自己的狀態與混亂的心情化作言語呢？

將煩惱減少至三個

想要把混亂的思緒化作言語時，首先**請把想說的事情條列式列出來，全部寫在筆記本或是智慧型手機的記事APP上**。

除了現有的症狀與痛苦，還有像是不知該如何向上司與家人啟齒的事情、想要休息或是對治療感到不安等等，從很具體的煩惱到模糊的擔憂都可以寫。

然後，請從中選出**自己「最大的煩惱」**，或是**「最想解決的事情」**。這正是**你最想告訴身邊的人、想要有人能了解的事情**。接著，再挑出第二與第三想要訴說的事情。

不清楚自己有什麼煩惱的時候，可以參考第二二五頁的5W1H，向自己提出問題。

舉例來說，思考時把重點放在**地點**、**身體**或**人物**上，也是方法之一。

讓你感到痛苦的「地方」是職場還是住家？還是身體的某個部位？又或是與「誰」接觸的時候會感到痛苦？請試著思考看看。

除此之外，也能從**情緒**、**狀況**或**理由**去釐清自己的想法。

讓你感到痛苦的，是「身邊的人都不理解自己」？「覺得孤獨」？還是「因為沒有錢」？這些都可以思考一下。

試著把煩惱與感受化作言語

❶ 把自己煩惱、為難、難過和生氣的事情，還有希望別人為自己做到的事情，統統條列出來。

- ……………………
- ……………………
- ……………………
- ……………………
- ……………………
- ……………………

❷ 挑出最大的煩惱或最想解決的事情，在左側寫下「1」，再挑出第二個寫下「2」，第三個寫「3」。

❸ 仔細檢視這三個煩惱，想想自己目前有哪些能做到的事情吧。

- ……………………
- ……………………
- ……………………
- ……………………
- ……………………

再來，思考自己覺得「怎樣的事情」不被理解？「為什麼」會感到孤獨？「為什麼」無法解決感到孤獨的情況？或許就能發現自己是為什麼在鑽牛角尖。

像這樣將煩惱仔細劃分之後，再試著思考**解決哪一件事情，能讓你感到輕鬆、整個人充滿活力**。

確定了自己的煩惱、想要解決的事情、想要訴說的事情以後，也試著從中發掘出自己「**做得到的事情**」吧。就算是一點小事也沒關係。

這樣一來，也許會在自己覺得做不到的事情當中，發現有些事情其實自己還是「稍微」做得到。請好好灌溉這些微小的「做得到的事情」，令其成長茁壯。

將痛苦化作言語的訣竅

利用5W1H來檢視自己的煩惱吧！

When（什麼時候感到痛苦？）

Where（在什麼地方感到痛苦？）

Who（與誰有關？）

Why（為什麼會感到痛苦？）

What（發生了什麼事？）

How（是怎樣的痛苦？）

範例

- 感到痛苦的場所是職場？還是住家？
- 是身體的某個地方感到痛苦嗎？
- 與誰接觸時感到痛苦？
- 不與誰接觸時感到痛苦？
- 因為「身邊的人不理解自己」感到痛苦嗎？
- 因為「覺得孤獨」感到痛苦？
- 因為「沒有錢」、「沒有朋友」感到痛苦？
- 因為「狀況都沒有改變」感到痛苦？
- 「為什麼」覺得沒有人理解自己？
- 「怎樣的事情」覺得不被理解？
- 「什麼時候」覺得不被理解？
- 「為什麼」感到孤獨？
- 「什麼時候」感到孤獨？
- 「為什麼」覺得無法擺脫孤獨？

脫離方法
5

找到可以信任的人

你有沒有能夠信任的家人、上司、同事、朋友或戀人呢？如果有的話，這是一件非常幸運的事。那麼試著請對方空出時間，向他們傾吐自己的煩惱與內心的痛苦吧。如果是你能夠信任的人，對方一定會傾聽你的話語，給予支持。

如果對方是值得信任的上司，想必願意幫你調整工作安排、讓你方便取得休假，或是願意讓你改成居家辦公。

如果不方便找上司或同事商量，也可以考慮向公司的諮詢窗口或總務部尋求協助。現在為了防範職場霸凌，規定企業有義務要設置諮詢窗口。

而且為免對諮詢者造成不利，也會保護好個人的隱私。

沒有人可以依靠的時候①諮詢門診

要是身邊沒有人可以依靠或是理解自己，抑或就算傾吐了自己的痛苦也無益於解決，那麼有兩個方法可以考慮。

其中一個是**前往精神科或身心醫學科診所諮詢**（挑選診所的方法會在第二三一頁作介紹）。

面對無法理解自己的人，再怎麼傾吐也只會覺得很不愉快。那麼不如試著找醫師商量，一同思考自己的煩惱與身心狀態。有時候向醫師傾吐完後，心情就會輕鬆許多，狀況因而好轉。

或許有人會心想：「如果只是一點不安就去看診，感覺醫師會反問我『來這裡做什麼』，讓人很害怕。」但是，大多數醫生絕對不會說這種話，請放心吧。

我個人的意見是，只要你覺得已經影響到了日常生活，那就去看診吧。有時候會發現，結果根本是自己虛驚一場，就能卸下心頭重石，也能藉著這個機會去懷疑「可能是其他疾病」。

如果你因為身心失調，想要休息一段時間暫時停止工作，請這麼告訴醫師。倘若醫師判定你「需要休養」，就會開立診斷書（如果是一般的疾病或傷害，不是因為工作內容所引起，就會變成是請傷病假，還能請領一定時間的傷病給付）。

再者，拿著診斷書找身邊的人商量也是一個不錯的辦法。當你只是想要訴說自己煩惱的時候，可以將診斷書當作一種工具。只要你覺得與公司的人或家人商量時需要診斷書，醫師便會開立給你。

看診時，若有先前的健康診斷結果或用藥紀錄，請一定要提供給醫師。有時候會因此發現其他疾病，而且也能根據先前的治療，給予你更恰當的建議。

沒有人可以依靠的時候② 找專業醫師商量

公司若有特約的專業醫師，找專業醫師商量也是一個方法（只要是員工五十人以上的公司，應該會有專業醫師）。

專業醫師的工作，就是維持與增進員工的健康。為了守護員工的健康，必要時還會代為向公司提出意見。

當你找了上司或諮詢窗口商量也無法解決的時候，可以向專業醫師尋求協助，請他幫忙轉達自己需要休息一事，或是更改工作的模式。

專業醫師的發言還算有影響力，所以多數時候意見都會被採納。

而且請專業醫師代為轉達，也就不用煩惱「該怎麼說明，公司的人才會理解」。

如果有人覺得「不想被職場上的人知道自己生病了」、「不想被貼上生病的標籤，被團隊踢出去」，請把這些考量也告訴專業醫師。

只要表示：「我不想讓職場上的人知道自己的詳細病況，請視需要告知基本情況就好。」相信專業醫師會尊重你的意願（但如果是想要留職停薪或更改工作模式，就不得不告知你的狀況不好一事，這點還請注意。因為如果不直接說明你的狀況不好，就很難去協調這些事情）。

如何挑選能夠信賴的醫院

身心狀況不好、想去醫院諮詢的時候，想必許多人都會感到困惑，不知道該去精神科、身心醫學科還是內科看診。

如果你覺得自己處在微笑憂鬱的狀態，請前往**精神科**或**身心醫學科**就診。

精神科顧名思義，主要是診治**精神（mental）上的症狀**；相較之下，身心醫學科主要看的是**身體上的症狀**。

精神症狀較為強烈，比如會感到不安與沮喪的人，建議前往精神科就診；身體症狀較為明顯，比如有失眠或食慾不振情況的人，則建議前往身心醫學科就診。

話雖如此，如果是微笑憂鬱的症狀，不管去哪一科都會接受到類似的治療，所以還請放心。

除了該挑哪個醫學專科外，該去多大規模的醫院，也會令人感到迷惘吧。從結論來說，那就是我建議有微笑憂鬱的人別去醫院，而是去診所看診。

醫院還分專治精神科相關疾病的精神科醫院，以及像大學醫院與市立醫院那樣設有許多科別的綜合醫院。日本的綜合醫院若沒有像是家庭醫師的轉介信，掛號有很大的機率會不被受理，所以門檻相當高。

此外，精神科醫院與綜合醫院裡因為還有重症的患者，容易讓人覺得「我只是微笑憂鬱而已，程度在輕度到中度左右，好像不應該來這裡」，所以門檻也相當高。

相較之下，前往診所看診的患者大多是輕度到中度左右。

而我推薦診所的理由之一，也是因為診所的數量比醫院更多，也便於選擇。診所的官網還會清楚列出醫師的資歷與治療案例，只要是風評不錯的診所，應該都可以安心前往。

想要有人專注傾聽自己的話語，就去諮商吧

如果想要找到不錯的診所，建議可以挑選初診會保留三十分鐘以上的時間，以便仔細聽你傾訴的地方。因為若想要完整了解患者的情況，至少需要三十分鐘的時間。

第二次以後的回診，大多會保留五到十分鐘左右。

當患者的情況逐漸穩定，開始恢復的時候，則是大多五分鐘左右就會結束。

但醫院與診所因為健保醫療的規定，如果三十分鐘內不為三人以上的患者看診，經營上就會十分困難。

究竟該花很長的時間為每一位患者看診，還是該縮短每個人的看診時間，才能醫治到更多人，這不是一個能夠輕易得出答案的問題。

因為精神科醫師基本上要做的，就是診治患者的病症，而傾聽患者吐露心聲並非是主要業務。

如果你希望對方每一次都花時間好好聽自己說話，這樣才能一吐為快，而且想要找到方法能妥善解決自己的煩惱，建議前往**設有心理師的診所或醫院**。

心理師一般都是進行心理治療，會花時間傾聽患者的話語，慢慢改正不好的思考或是認知。

所以想要諮商的話，就找**臨床心理師**或**諮商心理師**這種通過國家考試的專家吧。這些心理師都達到了國家要求的一定標準，因此諮商技巧大多相當優秀。

雖然心理師也有各自擅長的領域，但相信一般的諮商都沒有問題。

上網搜尋心理師的時候，最好預先想好**自己是基於怎樣的目的想要諮商**，然後在見到心理師時，一開始就先向對方表明（可以參考第二一八頁的言語化建議）。

至於如何找到與自己合得來的心理師，可以留意以下這幾點。

- 對方不會讓你有壓迫感，而且聽你說話時冷靜沉著
- 不會催促你，還會營造出讓你想要傾吐的氛圍
- 附和的方式、時機、音量，以及嗓音與說話速度，都讓你覺得愉快
- 不會覺得這個人有點討厭，反而感到安心
- 會自然地對自己表示理解，並在恰當的時機發問

初次見面的印象非常重要，還會深刻影響到往後見面時的感覺。

不過，僅憑一次的諮商，很難判定自己與心理師是否合得來，所以可以在接受過幾次的諮商之後，再來判定對方是否適合自己。

若你同時在接受醫師的治療與心理師的心理治療，那麼面對醫師，可以告知**自己的身心症狀與服藥後的效果**；面對心理師，可以告知**自己的不安、苦惱與糾結**。

但是，無論是多麼優秀的醫師或心理師，與自己合不合得來完全是兩回事。只要是人，就一定有人合得來，有人合不來。最好在經過幾次的諮商之後，仔細觀察對方是否適合自己。

重點在於，**自己要能打從心底覺得「我想找這個人傾吐」、「我想在這裡繼續接受治療」**。

另外挑選醫院的時候，也要考慮到**往返醫院的便利性**。如果每次去醫院，單程就得花上一個小時以上的時間，那麼身心不適的時候就會給自己帶來負擔。

當身心狀態稍微有所好轉時，可以再細分自己的煩惱，**設法提升生活品質**。因應各種不同的煩惱，有許多諮詢窗口可以利用。我會在書籍最後列出清單，請試著找這些單位商量吧。

我想讓大家知道的是，其實有很多方法與諮詢窗口，有助於解決自己的煩惱。

＊以上諮詢及就診建議適用於日本當地，讀者可另行選擇最適合自己的珍所、醫院，以及專業諮詢機構。

脫離方法

6

恢復想要做某件事的心情

多數的微笑憂鬱者透過第二到第五章所介紹的，以及第一九六到第二三七頁所提供的方法，應該就有辦法離開「憂鬱島」。但遲遲無法脫離的人，有時候需要一邊休養，一邊借用藥物的力量。

若將微笑憂鬱者比喻成車子，你現在的狀態就相當於是油箱破了洞，汽油正往外漏出。那要是汽油全部漏光了，車子就會跑不動吧。

為了讓車子能夠再次奔馳，就必須把破洞補起來，重新添加汽油。**而協助微笑憂鬱者填補起破洞的正是藥物，然後藉由休養來重新加油**。

但是，當中也有人會表示：「我工作不能請假，所以想靠吃藥治好。」有人則表示：「我不想吃藥，所以想靠休養治好。」

前者的狀態相當於是油箱的破洞雖然補起來了，卻沒能重新加滿油；後者則是油箱還破著洞卻不停加油，導致汽油持續往外漏。

無論是哪一種，相信各位都能想像到，這樣很難恢復到原先健康的狀態吧。

如果想要擺脫重度的微笑憂鬱，就必須同時休養與接受藥物治療，並且思考「自己想要的治療」，慢慢讓自己重新產生「我想要這麼做」、「我想變成這樣」的心情。

治療成功的案例，通常都是本人對於要如何吃藥、如何休養，會向醫師提出自己的想法與意見，醫師再據此擬定治療計畫，然後雙方朝著共同的目標前進。

如果都不表明自己想要怎樣的治療，也不告知自己的情況，一味堅持「我會照醫師說的去做」，這樣有可能會一直服用到不適合自己的藥物，症狀也遲遲不見改善。至少請好好了解自己所服藥物的名稱與作用，這是醫師對患者的共同心願。

舉例來說，如果知道「醫師開的〇〇這款抗焦慮藥物，可以穩定不安的情緒，在睡前服用更有助於安穩入眠」，等到藥效發揮作用了，就能實際感受到「原來這個藥真的有效」。在恢復的過程中，這種感覺是非常重要的。

如果不清楚自己吃的藥有什麼作用，代表也不曉得自己想恢復到怎樣的狀態。醫師開的藥也有可能並不適合自己，所以最好多了解藥物的名稱與作用（書籍最後會提供常見處方藥一覽）。

當你對藥物產生不良反應、感覺沒有效的時候，請一定要告知醫師。如果醫師完全不予理會，那麼就換間診所吧（如果曾一度對醫師產生疑慮，請至少再去一次，若還是覺得「他這樣不對」，就換一間診所吧）。

換到其他醫院的時候，如果有上一間醫院的轉介信，醫師就可以知道你先前接受過什麼治療，有助於作出判斷，但就算沒有也沒關係。實際上，多數患者都是沒有轉介信便換到另一間醫院。

即使有微笑憂鬱，也並非什麼都做不了

想要擺脫微笑憂鬱的時候，有件事情請特別留意。

那就是**請別因為自己得到了微笑憂鬱，就認定自己做什麼都不行，完全放棄了正常過生活**。

偶爾會遇到有人這樣說：「反正我有憂鬱症，不管做什麼都做不好。」「我因為憂鬱症的關係，什麼都做不好，就一直待在家裡不出門。」

認知到自己生病了，或是意識到自己可能生病了，這些都有助於身心失調的情況不再惡化。

但是，一旦抱有放棄一切的想法，就會**連「我想要變好」、「我想做這件事」的念頭也全部拋開，很難恢復到健康狀態**。

近來瀏覽社群網站的時候，也會看到有人在個人資料裡寫出自己的病名，發表有關自己生了病的文章。

當然，藉此認識有同樣疾病的人，對彼此的痛苦感同身受、互相勉勵，確實是社群網站的有效使用方式。

只不過，不管是認知到自己生病了，或是懷疑自己可能生病了，這些都**不是為了要用來向他人宣揚，而是為了幫助自己恢復健康**。

這一點請大家牢記在心，並將社群網站當作是幫助自己恢復的工具，善加利用。

微笑憂鬱的狀態如果持續太久，可能有的人會開始想要放棄，覺得「自己是不是不會變好了」、「說不定我本來就是這樣」。即便會有「想要變好」、「想要做這件事」的想法，但心情總是搖擺不定。

如同「黑夜終會迎來黎明」這句話所示，無論處在多麼難受、多麼痛苦的情況裡，也不可能永遠都是如此。

在感覺憂鬱的時候，或許很難這麼認為，但還是請懷抱著「總有一天會天亮」的希望吧。

然後利用本書所介紹的方法，在過著日常生活的同時，各位要相信自己能夠離開憂鬱島。

只要不放棄，持續保有「我想變好」、「我想做這件事」的渴望，一定能夠改善自己的微笑憂鬱，能夠做到的事情也會變多，讓自己的人生過得越來越精采豐富。

結語

最後，由衷感謝各位看到這裡。

包含這本書在內，我開始發表文章的契機，便是源自於「想要為無法來醫院看診的人盡一份心力」的想法。

透過社群網站，我發現許許多多的人都有心理方面的煩惱。有很多人因為不敢去精神科看診，為此苦惱不已。

而且透過日常的看診，與在社群網站上收到的煩惱與傾吐，也讓我察覺到這個社會有許多人都處於「微笑憂鬱」的狀態。

大眾對於精神科與身心醫學科的偏見和抗拒依然存在，有許多人即便想去看診，也會被家人與社會的偏見及抗拒所影響，不敢付諸行動，有些地區則是根本沒有精神科與身心醫學科的門診。

我們醫療人員雖然能對來到醫院的人伸出援手，但對於無法來醫院的人，能給予的幫助就非常有限。

為了盡可能幫助這樣的人減輕內心負擔，我一直都在社群網站等平臺上發表文章，但效果終究有限。因為想要傳達的資訊與想法太多了，無法一一寫下，所以我把想要傳達的話語都寫在了這本書裡。

為了將我的想法傳達給更多的人，幫助人們減輕心理負擔，這本書可以說是我寫的一封信。由衷希望這封信能夠送到更多的人手中，幫助許許多多的人擁有更輕鬆自在的心靈。

最後，除了要感謝閱讀本書的讀者，也要感謝陪伴在我身邊的妻子以及家人，還有出版社所有的工作人員，尤其是中川編輯、茅島撰稿員等等，由衷感謝各位無私的支持。

精神科醫師ＳＨＯ

參考文獻

第2章

（※1）"Autogenic training to reduce anxiety in nursing students: randomized controlled trail" by N. Kanji, A. White, E. Ernst（2006）

第3章

（※2）"Exercise treatment for major depression: maintenance of therapeutic benefit at 10 months" by Michael Babyak et al., Psychosomatic Medicine, 2000

（※3）"The physiological effects of Shinrin-yoku (taking in the forest atmosphere or forest bathing): evidence from field experiments in 24 forests across Japan" by Q. Li（2010）

第4章

（※4） 日本藥理學雜誌（Folia Pharmacol. Jpn.）129, 99～103（2007）二〇〇七年第一二九期二號二月號

（※5） "Writing About Emotional Experiences as a Therapeutic Process" by J. W. Pennebaker（1997）

第5章

（※6） "The effect of mindfulness-based therapy on anxiety and depression: A meta-analytic review" by S. G. Hofmann, A. T. Sawyer, A. A. Witt, and D. Oh

（2010）
（※7）厚生勞動省「年輕型失智症的實況調查結果概要暨厚生勞動省的年輕型失智症對策」

藥物一覽

SSRI（選擇性血清素回收抑制劑）

- 特徵：可以抑制腦內神經傳導物質血清素的再吸收，提升神經細胞間隙中的血清素濃度，進而緩解不安，改善抑鬱症狀。
- 藥劑名：Sertraline（樂復得）、Paroxetine（克憂果）、Escitalopram（立普能）、Fluvoxamine（無鬱寧）

血清素再吸收抑制・血清素受體調節劑

- 特徵：除了原本SSRI的作用外，對於各種血清素受體也有調節的作用，改善抑鬱症狀。
- 藥劑名：Vortioxetine（敏特思）

SNRI（血清素與正腎上腺素回收抑制劑）

- 特徵：可以抑制腦內神經傳導物質血清素與正腎上腺素的再吸收，提升兩物質在神經細胞間隙中的濃度，進而緩解不安，改善抑鬱症狀。
- 藥劑名：Duloxetine（千憂解）、Milnacipran（鬱思樂）、Venlafaxine（復鬱平）

NaSSA（正腎上腺素及特殊血清素抗鬱劑）

- 特徵：會選擇性地作用於血清素與正腎上腺素受體，藉由加強兩物質的效果，緩解不安、改善抑鬱症狀。對於會帶來睡眠障礙的憂鬱症也有效。
- 藥劑名：Mirtazapine（樂活憂）

三環抗憂鬱劑

- 特徵：可以抑制腦內神經傳導物質血清素與正腎上腺素的再吸收，提升兩物質在神經細胞間隙中的濃度，進而緩解不安，改善抑鬱症狀。這是較為初期所開發的抗憂鬱藥物，所以雖有抗憂鬱效果，但基於對副作用的考量，開立處方時必須比上述藥物更加謹慎。

- 藥劑名：Amitriptyline（德利能）、Imipramine（妥富腦）、Nortriptyline（愛文妥）、Clomipramine（可必安）

四環抗憂鬱劑

- 特徵：化學結構與三環抗憂鬱劑（TCA）相似。雖然治療效果也相似，但有時候選擇的作用會不同。
- 藥劑名：Mianserin（治爾鬱）、Setiptiline、Maprotiline（低落美）

國家圖書館出版品預行編目資料

今天，你還戴著微笑的假面具嗎？／精神科醫師SHO（精神科医しょう）著；許紋寧 譯.--初版.--臺北市：平安文化. 2025.3面；公分. --（平安叢書；第0833種）（Upward；170）
譯自：精神科医が教える 笑顔うつから抜け出す方法

ISBN 978-626-7650-13-4（平裝）

1.CST: 心理衛生 2.CST: 情緒管理 3.CST: 憂鬱

172.9　　114001198

平安叢書第0833種
UPWARD 170

今天，你還戴著微笑的假面具嗎？

精神科医が教える 笑顔うつから抜け出す方法

作　　者—精神科醫師SHO
譯　　者—許紋寧
發 行 人—平　雲
出版發行—平安文化有限公司
台北市敦化北路120巷50號
電話◎02-27168888
郵撥帳號◎18420815號
皇冠出版社(香港)有限公司
香港銅鑼灣道180號百樂商業中心
19字樓1903室
電話◎2529-1778　傳真◎2527-0904
總 編 輯—許婷婷
副總編輯—平　靜
責任編輯—張懿祥
美術設計—嚴昱琳
行銷企劃—鄭雅方
著作完成日期—2023年
初版一刷日期—2025年3月

法律顧問—王惠光律師

如有破損或裝訂錯誤，請寄回本社更換
讀者服務傳真專線◎02-27150507
電腦編號◎425170
ISBN◎978-626-7650-13-4
Printed in Taiwan
本書定價◎新台幣380元/港幣127元